노인 전도교재

총회 국내선교부 편

한국장로교출판사

발/간/사

　이미 한국 사회는 저출산, 고령화사회로 진입하였고, 2017년 고령사회가 되었습니다. 한국 사회의 인구구조가 급속히 변화함에 따라 교회 교인들의 인구구조에도 역시 변화가 나타나고 있습니다. 제102회기 총회 교세 통계를 연령대별로 파악한 결과, 교인들의 고령화가 사회의 고령화보다 가속화되고 있음을 확인하였습니다. 농어촌교회의 고령화는 더욱 심각해지고 있으며, 저출산의 영향 등으로 도시와 농어촌을 막론하고 다음세대들의 수가 급격히 감소하고 있습니다.

　총회 국내선교부는 이러한 사회의 변화와 교회의 현실을 직시하면서 노인전도의 필요성을 절감하게 되었습니다. 그래서 복음을 접할 기회가 점점 줄어들고 있는 노인들에게, 그리고 죽음을 구체적으로 생각하고 인생을 통합해야 할 시기에 있는 노인들에게 복음을 효과적으로 전하기 위한 방법의 필요성을 목회적 차원에서 고민하면서 본 교재를 발간하게 되었습니다.

　본 교재는 5장으로 구성되었습니다. 1장은 노인세대 전도의 필요성에 대하여, 2장은 복지 프로그램을 활용한 노인세대 간접전도로 이미 노인복지 프로그램을 실시하고 있는 교회들을 소개하였습니다. 3장은 노인 전도지 및 해설서입니다. 총회 개인전도 훈련교재의 일부인 "하나님의 사랑 이야기"를 노인에게 맞추어 개발한 전도지와 전도지 해설을 넣었습니다. 4장은 노인세대 전도를 위한 전도용품 활용법을 소개하였고, 마지막으로 5장은 노인 전도지 성경구절들을 모았습니다.

　급격하게 변화하는 사회 속에서 한 영혼을 구원하기 위한 전도의 사명을 다하기 위해 도움이 되는 교재가 되기를 기도합니다. 본 교재를 발간하기 위해 지난 제101회기부터 수고해 주신 연구위원들께 감사드립니다. 또한 귀한 교재가 빛을 볼 수 있도록 수고해 주신 한국장로교출판사 관계자 여러분께도 감사의 마음을 전합니다.

2019년 1월
총회국내선교부 총무 남윤희 목사

축/사

지금 우리는 매우 중요한 시기에 있습니다. 저출산, 고령화, 다문화사회로의 진입, 4차 산업혁명 등 한국 사회의 급속한 변화가 예상됩니다. 또한 민족통일이라는 넘어야 할 큰 산이 있지만, 외부적으로는 하나님을 대항하는 반기독교 세력이 우리를 공격하고 있고, 내부적으로는 세속주의에 오염되어 영적으로 무기력해진 한국교회의 쇠퇴를 걱정하는 목소리가 커지고 있습니다.

이러한 때 제103회 총회는 영적 부흥을 회복하여 성도들의 마음이 하나님께로 돌아오고, 우리 안에 만연해 있는 인본주의와 세속주의, 성공주의, 이기주의를 극복하여 영적 능력을 되살리고자 노력하고 있습니다.

앞서 제기한 여러 가지 이슈들 중에서 고령화사회 문제에 대한 대책으로 총회국내선교부는 『노인전도교재』와 『노인전도지』를 기획하였습니다. 한국 사회는 노인 비율이 급속히 증가하여 2000년에 고령화사회로 진입하였고, 2017년에는 고령사회로 진입하였습니다. 보다 비관적인 사실은 지방 광역시·도는 이미 고령사회를 넘어 초고령사회로 접어든 지 오래라는 것입니다.

교회는 이러한 고령화 쓰나미 현상을 정면으로 맞닥뜨리고 있습니다. 농촌교회의 경우 교인 대부분이 65세를 넘어서고 있으며, 도시교회에서도 노인층의 비율이 급속히 늘어나고 있습니다. 총회가 다음세대를 위한 전도에도 큰 관심을 가져야 하지만, 급증하고 있는 노인세대들에 대한 적극적 대응도 필요합니다.

　노인세대들 중 여전히 예수 그리스도를 알지 못하는 사람들이 많고, 노인 인구가 계속 증가하고 있음에도 노인 전도를 위한 진지한 노력이 교회에서 이루어지지 않고 있습니다. 다음세대가 미래 교회의 선교 자원이라면, 노인세대는 현재 교회의 선교 자원이며, 복음을 접할 수 있는 시간이 상대적으로 많지 않은 세대입니다.

　하지만 노인세대들의 특수한 상황들을 감안하지 않고 전도하면 오히려 역효과가 일어날 수 있고, 효과적으로 전도할 수 없습니다. 육체적 쇠약과 죽음, 은퇴, 자녀들의 독립 등 노인들의 특수한 상황들을 감안한 전도 방법과 노인 전도지의 필요성이 대두되어 개발된 『노인전도교재』와 『노인전도지』가 노인 전도에 귀하게 사용되기를 기대합니다.

　본 교재를 만들기 위해 위원장으로 수고해 주신 김승학 목사님, 서기로 섬겨 주신 이요한 목사님과 개발에 함께 참여해 주신 강채은 목사님, 김기숙 목사님, 류재룡 목사님, 최영호 목사님께 감사를 드립니다. 그리고 『노인전도교재』가 출판되기까지 실무를 담당한 총회국내선교부 총무 남윤희 목사와 직원들, 한국장로교출판사와 수고하신 모든 분들에게 감사드립니다.

2019년 1월
대한예수교장로회 총회장 림형석 목사

차례

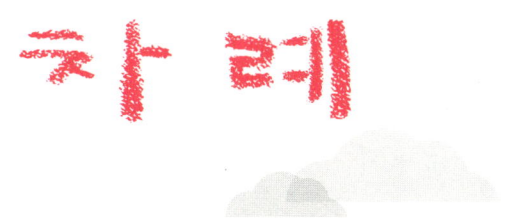

Ⅰ. 노인세대 전도의 필요성	8
Ⅱ. 복지 프로그램을 활용한 노인세대 간접전도	20
Ⅲ. 노인 전도지 및 해설	48
Ⅳ. 노인세대 전도를 위한 전도용품 활용법	64
Ⅴ. 노인 전도지 성경구절	76

I. 노인세대 전도의 필요성

1. 대한민국에 밀어닥친 고령화 쓰나미

　대한민국은 2017년 8월 기준으로 65세 이상의 주민등록 인구가 전체 인구에서 차지하는 비율이 이미 14%를 넘겨 고령화사회를 넘어 고령사회로 접어들었다. 2017년 9월 연합뉴스 보도에 따르면, 지난 2000년 "고령화사회"에서 17년 만에 "고령사회"로 초고속 진입했다고 한다.[1] UN은 고령화사회는 전체 인구에서 65세 이상 인구 비율이 7%를 넘을 때, 고령사회는 14% 이상, 초고령 사회는 20% 이상이 될 때로 각각 분류한다. 우리나라는 1985년 65세 이상 고령 인구가 175만 명이었지만, 2010년 536만 명(11.0%), 2015년 657만 명(13.5%)으로 급속히 증가하였다.[2] 결과적으로 우리나라는 2000년에 고령화사회가 되

---

1) http://m.news.naver.com/read.nhn?mode=LSD&sid1=102&oid=001&aid=0009517754.
2) 참고로 2016년 주요국가 고령인구 비율은 일본(26.3%), 이탈리아(22.4%), 독일(21.2%), 프랑스

었고, 통계청은 2018년에 고령사회가 될 것으로 예측했지만, 2017년 전체 인구의 14.2%를 65세 이상의 노인들이 차지함으로써 1년 빠르게 고령사회가 되었다. 따라서 초고령사회도 예측보다 좀 더 빠르게 진입할 것이라는 전망이 힘을 얻고 있다.

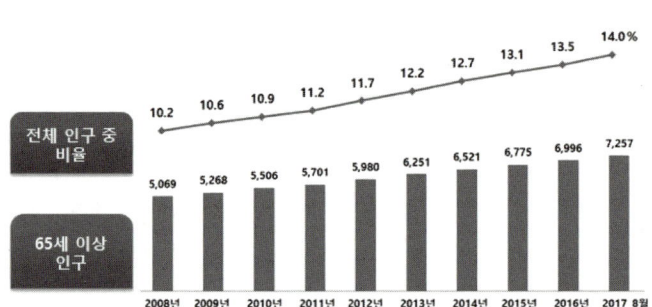

표 1) 65세 이상 인구 추이(단위 %, 천 명)[3]

사실 지방 광역시·도는 이미 고령화를 넘어 초고령화로 접어든 지 오래다. 통계청이 발표한 "2015 인구주택총조사"에 따르면 전남의 65세 이상 고령인구 비율은 21.1%로 시·도 중 최초로 초고령사회로 진입했다. 전북(17.9%), 경북(17.8%), 강원(16.9%), 충남(16.3%) 등이 그 뒤를 이었다. 또한 2015년 통계청 발표 후 2년이 경과한 2017년 9월 행정자치부에 따른 광역시·도별 65세 이상 인구 비율이 20% 이상인 곳은 역시 전남(21.4%)으로 미세하게 증가했다. 65세 이상 인구가 14% 이상~20% 미만인 지역은 전북(18.8%), 경북(18.8%), 강원(17.9%), 충남(17%), 부산(16%), 충북(15.7%), 경남(14.7%), 제주(14.1%) 등 8곳이다. 참고로 65세 이상 인구 비율이 7% 미만인 광역시·도는 없었으며, 서울도 13.6%로 고령

(19.1%), 영국(17.8%), 미국(14.8%)이며, 노령화 지수(0-14세 이상 인구에 대한 65세 인구 비율)는 2010년 68.0%에서 98.1%로 급격히 증가했다.
3) http://m.news.naver.com/read.nhn?mode=LSD&sid1=102&oid=001&aid=0009517754.

사회에 거의 근접한 상태라고 할 수 있다.

표 2) 시·군·구 65세 이상 인구 비율 현황(단위 : 곳)[4]

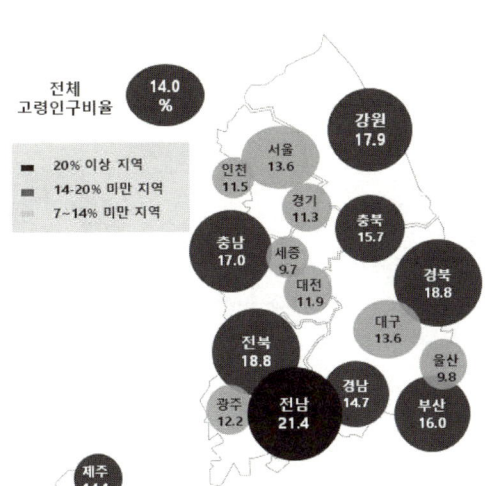

또한 고령인구 비율이 가장 높은 시·군·구는 전남 고흥군(38.5%), 경북 의성군(38.2%), 경북 군위군(37.5%) 순으로 나타났다. 조영태 서울대 교수는 "한국의 노인 비율(13.2%)이 고령사회(14% 이상)에 근접해 있는데, 10년 안에 초고령사회(20% 이상)로 갈 것"이라고 예측한 바 있다. 지방 시·군·구의 급속한 초고령화 현상은 그동안 영호남 군 단위 기초단체에 집중됐지만, 지금은 대도시에서도 동일한 현상이 나타나고 있다. 특히 전국 대도시 중에서 처음으로 부산의 중·서·동구가 초고령화된 것은 놀라운 일이다. 대구와 인천 역시 초고령화가 목전에 닥쳤다.[5] 이들의 공통점은 대도시의 구도심이라는 점이다. 전

---

4) Ibid.
5) 대구의 중구(18.6%), 남구(18.4%), 서구(15.8%), 동구(15.5%)가 목전에 닥쳤다. 인천 동구(17.2%)도 점차 가까워지고 있다. 서울은 강북구가 16%로 고령화율이 가장 높으며, 종로구와 중구 등의 도심이 그

문가들은 부산에서 시작된 대도시의 초고령화는 대구, 광주 등 구도심에서 계속될 것으로 예측하고 있다.

표 3) 시·도 65세 이상 인구 비율(단위 : %)[6]

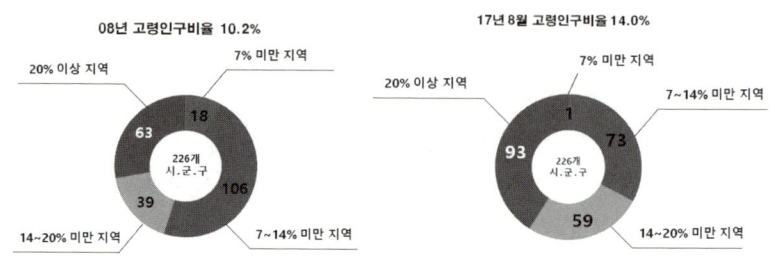

　우리나라 최대 인구가 모여 있는 서울만 보더라도 출산율 저하가 뚜렷하게 나타난다. 2017년 서울의 초등학교 신입생 수는 77,252명으로 지난해보다 1,615명이나 감소하였다. 또한 서울 공립초등학교 557곳 가운데 37곳은 입학대상자가 50명에도 미치지 못하고 있으며, 그중 2곳은 2018년 신입생이 20명도 되지 않았다.[7] 뿐만 아니라 통계청 자료에 따르면 2차 베이비붐 세대(1968~1974년생)를 기준으로 100세 기대수명이 50%를 넘어선다고 한다. 즉, 2명 중 1명은 100세를 넘길 수 있다는 것이다. 이처럼 저출산과 평균수명의 증가로 인해 우리 사회는 급속히 고령화되고 있다. 우리나라 인구 구성의 특성을 한마디로 요약하면 '고령화 속도가 세계에서 가장 빠른 나라'로, 이미 우리 사회는 피할 수 없는 고령화 쓰나미에 휩싸여 있는 것이다.

　다음으로 서울도 고령화 시계가 빨라지고 있다.
6) http : //m.news.naver.com/read.nhn?mode=LSD&sid1=102&oid=001&aid=0009517754.
7) http : //post.naver.com/viewer/postView.nhn?memberNo=35098035&volumeNo=12023607.

2. 교회에 밀어닥친 고령화 쓰나미

교회 안에서도 고령화 쓰나미 현상은 이미 특별한 일이 아니다. 농촌교회의 경우 교인 대부분이 65세를 넘어서고 있다. 65세는 교회 안에서 가장 젊은 청년(?)으로 생각될 정도이다. 경상북도 북부 지역의 경우 1년에 면 단위에서 출생하는 아기가 때로는 한 명도 없을 정도로 농촌 인구의 급속한 고령화는 교회의 고령화를 앞당기고 있다. 비교적 건강성을 유지하고 있다고 평가받던 농촌과 근접한 소도시의 한 중형교회의 경우, 이미 65세가 넘는 제직의 수가 출석 교인의 70%를 상회하고 있다는 이야기를 들은 적이 있다. 이것은 농촌 지역의 소도시에 위치한 교회조차 이미 초고령사회를 넘어 교인 대부분이 노인세대임을 반영하고 있음을 의미한다. 도시교회의 경우도 예외는 아니다. 서울 성동구에 위치한 신금호교회는 성도의 초고령화로 인해 노인층이 40% 이상을 차지하고 있다는 기사를 본 적이 있다.[8]

이러한 사실은 제102회 총회에 보고된 교세 통계의 분석과도 일치한다. 교세 통계 분석에 따르면 농촌 지역을 기반으로 하고 있는 노회들은 초고령화의 수준을 이미 넘어서고 있음을 보여 주고 있다. 60대 이상 세례교인이 무려 40% 이상인 노회는 7개이며, 50% 이상인 노회는 5개, 심지어 60% 이상인 노회도 1개가 있었다. 60대 이상 세례교인이 40% 이상을 나타내는 노회는 다음과 같다.

---

8) 한국기독공보, 2017. 12. 18.

표 4) 제102회 총회 전국 67개 노회 중 60대 이상 세례교인이 40% 이상인 노회

40% 이상인 노회	50% 이상인 노회	60% 이상인 노회
전북동노회(47.76%) 진주남노회(46.52%) 강원동노회(45.28%) 충남노회(45.04%) 경안노회(44.25%) 전서노회(43.12%) 경동노회(42.26%)	진주노회(56.77%) 땅끝노회(56.05%) 영주노회(53.48%) 김제노회(51.89%) 남원노회(50.13%)	순서노회(64.35%)

대도시에 위치한 노회 대부분도 이미 60세 이상 교인이 20%를 넘어서고 있는 실정이다. 수도권에 위치한 노회의 경우 60세 이상 교인이 30% 이상인 곳이 서울북노회(34.94%), 서울노회(34.67%), 서울관악노회(34.24%), 서울남노회(33.26%), 서울서노회(33.29%) 5개 노회이며, 25% 이상인 곳이 서울동노회(29.74%), 서울동남노회(29.06%), 서울서북노회(25.6%), 서울서남노회(25.05%) 4개 노회이며, 25% 미만인 곳이 영등포노회(22.03%), 서울강북노회(19.94%), 서울강동노회(19.57%) 3개 노회이며, 10% 미만인 곳은 서울강남노회로 5.98%를 기록하고 있다. 부산을 근거로 하고 있는 3개 노회 중 60세 이상 교인의 비율은 부산노회는 35.66%, 부산동노회는 35.91%, 부산남노회는 28.69%를 기록하고 있을 정도로 이미 대도시에 위치한 노회 역시 총 인구 대비보다 훨씬 더 고령화되어 있음을 알 수 있다. 경북노회는 23.86%, 대구동노회는 26.96%, 대구동남노회는 25.09%, 대구서남노회는 28.85%를 기록하고 있는 것을 볼 때, 대구 소재 교회 역시 이미 고령화되어 있음을 알 수 있다.

이처럼 한국교회가 고령화되고 있는 가장 큰 이유는 교회에 청년, 청소년,

아동 세대가 유입되지 않기 때문이라고 할 수 있다. 다음세대는 계속 감소하고, 노인세대는 큰 폭으로 증가함으로써 교인의 평균 연령이 계속 높아지고 있는 실정이다. 제102회 총회에 보고된 교세 통계에 따르면, 우리나라 총 인구 대비 교인 수의 비율은 10~19세는 1.52%, 20대는 2.42%에 불과한 실정이다. 참고로 총 인구 대비 교인 수의 비율은 30대가 3.21%, 40대는 4.41%, 50대는 4.85%, 60대는 4.79%, 70대는 4.80%, 80대는 6.61%를 나타내고 있다. 60대 이상의 노년층은 우리나라 총 인구 대비 16.2%를 차지하고 있으며, 특히 70세 이상은 11.41%이다. 이것은 많은 교회에 있어서 노인세대가 차지하는 비중이 계속적으로 증가해 오늘의 교회가 노인 중심의 교회로 급격히 전환되고 있음을 뜻하는 것이다. 즉, 한국교회는 사회보다 훨씬 빠른 속도로 고령화되고 있는 것이다.

물론 교회는 다음세대를 위한 전도에 더 큰 관심을 가지고 총력을 기울여야 한다. 왜냐하면 다음세대는 한국교회의 미래이기 때문이다. 하지만 한국교회는 노인세대 목회에 무관심해서도 안 된다. 급증하고 있는 노인세대를 교회가 방치한다면 교회의 현재가 없기 때문이다. 교회는 이에 대해 신속하게 대응해야 할 시점에 서 있다. 만일 한국교회가 노인세대 전도에 대해 기민하고 지혜로운 대응을 계속 미룬다면, 기대하고 있는 다음세대의 부흥이 오기 전에 속절없이 무너질지도 모르기 때문이다.

3. 전도가 필요한 노인세대

　우리 앞에 성큼 다가온 고령사회에서 교회는 줄어 가는 다음세대와 늘어 가는 노인세대 문제로 고민하고 있다. 실제로 우리나라가 예상보다 매우 빠르게 고령화가 진행되고 있음은 주지의 사실이다. 고령화사회(65세 이상의 인구가 7% 이상)에서 고령사회(65세 이상의 인구가 14% 이상)가 되는 데 걸린 시간은 프랑스는 114년, 미국은 69년, 일본은 24년인데, 우리나라는 놀랍게도 18년이다. 18년 만에 노인 인구의 비중이 두 배로 증가했다는 뜻이다. 이것은 교회 역시 빠른 속도로 고령화되고 있음을 뜻하는 것이다. 앞서 언급한 것처럼 이미 다음세대에 비해 노인세대의 비중이 더 큰 교회가 적지 않다. 우리 주변에는 노인세대가 넘쳐나고 있다. 대한민국은 오는 2025년경 초고령사회(65세 이상이 전 인구의 20% 이상)에 진입할 것으로 예상되고 있으며, 2050년에는 일본을 제치고 세계 최고령국가가 될 것으로 전문가들은 예상하고 있다. 그런데 여전히 예수 그리스도를 알지 못하는 노인세대가 너무도 많고, 또한 계속 증가할 것임을 교회는 직시해야 한다. 하지만 문제는 우리 주위에 예수를 믿지 않는 수많은 노인들이 존재하고 있음에도 불구하고 그들을 전도하려는 교회의 진지한 노력이 보이지 않고 있는 실정이라는 것이다. 노인세대 역시 구원의 대상임을 교회는 명심해야 한다. 급증하고 있는 노인세대가 전도의 새로운 황금어장이 될 수 있음을 새롭게 깨달아야 한다. 다음세대가 미래 교회의 선교 자원이라면, 급증하고 있는 노인세대는 현재 교회의 선교 자원이다. 전통적 교회는 세대의 분포가 피라미드형 구조를 나타내지만, 고령화사회의 교회는 역피라미드형 구조를 갖는다. 이 현상은 앞으로 더욱 심화될 것이다. 노인세대가 전통적 교회를 넘어 새로운 형태의 교회 부흥의 블루오션(blue ocean)

이 될 수 있음을 모든 교회는 공감해야 한다. 그때 교회 부흥의 새로운 지평이 열릴 수 있다.

　우리나라는 기대수명이 급격히 증가하고 있지만, 이에 대한 대응책은 부족한 실정이다. 더욱이 100세 시대는 종교가 필요한 기간이 더 늘어난다는 것을 의미한다고 할 수 있다. 이것은 이전 시대와는 다르게 100세 시대에 교회가 더 중요한 역할을 할 기회를 가짐과 동시에 새로운 역할이 필요함을 뜻한다. 한국인의 기대수명은 83.1세로 OECD 평균보다도 4.5세나 더 높다. 하지만 건강과 경제조건, 사회적 활동 등으로 봤을 때 행복하게 살 수 있는 나이는 74.6세에 불과해 기대수명과 행복수명 사이의 격차가 8.5년으로 조사되었다. 이것은 개인마다 10년 정도씩 불안한 노후를 보낼 수밖에 없다는 것을 의미한다.[9] 또한 노인세대의 불안한 노후 10년을 행복한 시간으로 바꿀 수 있는 기회가 교회에게 주어질 수도 있음을 뜻한다. 바로 여기에서 교회는 비어 가는 자리를 보며 절망하기보다는 새로운 희망을 발견해야 한다. 우리나라는 이미 고령사회로 진입했고, 초고령사회를 눈앞에 두고 있다. 교회 역시 이미 고령사회를 넘어 초고령사회에 직면하고 있다. 부흥의 시대를 뒤로하고 침체를 거듭하고 있는 한국교회가 부흥을 도모할 수 있는 마지막 골든타임이 바로 오늘임을 자각할 때, 새로운 시대가 열릴 수 있을 것이다.

4. 두 트랙으로 접근해야 할 노인세대 전도

　노인세대의 전도가 중요한 이유는 예수님을 영접할 수 있는 마지막 기회일

---

9) 데일리굿뉴스, 2017. 12. 05.

뿐 아니라 노인 한 사람의 변화는 한 사람으로 그치지 않고 자녀, 손자 등 온 가족의 전도로 이어질 수 있기 때문이다. 교회의 노인 전도는 침체에 빠진 한국교회에 새로운 동력이 될 수 있음을 기억해야 한다. 그럼에도 불구하고 노인 전도는 그리 쉽지 않다. 많은 노인들이 지금까지 기독교와 관계없는 삶을 살아왔는데, 굳이 얼마 남지 않은 삶을 앞에 두고 종교를 바꾸는 것을 두려워하는 경향이 있다. 또한 쇠락한 노인들은 자신이 지은 죄가 너무 많다고 생각하면서도 쉽게 발걸음을 교회로 옮기지 않는다. 노인들은 생명에 무한한 애착을 가지고 있고, 또한 죽음이 긴급하고 심각한 문제라고 생각하면서도 교회에 오기를 부담스러워한다. 교회는 죽음을 눈앞에 둔 노인세대에게 인생의 종말, 믿음을 가져야 하는 이유를 강조해야 하며, 죽음 이후 심판과 영생이 있음을 알리고 가르쳐야 한다. 노인 전도는 이 시대가 요구하는 피할 수 없는 사명인 것이다.

　노인세대 전도를 위해서는 두 트랙으로 접근해야 한다. 하나는 직접 노인을 대상으로 전도할 때 사용할 수 있는 노인세대 맞춤 전도지를 개발하는 것이며, 다른 하나는 노인세대들이 교회에 들어올 수 있도록 교회 문턱을 낮추는 작업이다. 직접 전도를 위한 아동, 청소년, 청년, 장년 등의 맞춤 전도지는 개발되어 사용되고 있지만, 노인세대만을 위한 전도지는 찾아볼 수 없는 실정이다. 따라서 노인세대에 맞는 맞춤 전도지 개발은 교회가 반드시 시행해야 할 사업이라고 할 수 있다. 또한 노인세대가 교회에 보다 쉽게 접근할 수 있는 사역과 프로그램도 필연적이다. 과거에는 노인들이 교회로 찾아오게 하는 프로그램에 치중했다면, 오늘날에는 교회가 먼저 지역노인들을 찾아가는 사역으로 전환해야 한다. 그렇다고 노인을 찾아가는 사역의 대명사격인 독거노인 반찬 나눔, 요구르트 방문 배달사업, 일자리사업, 노인대학 등 노인을 위한 사회복지적 접근이 반드시 직접적인 선교의 장으로 활용되는 것은 아니다. 노인에게 많은 재정과 인적 자원을 투자했음에도 불구하고 실제로 노인들이 교회에 등록하거나 예수를 믿게 되는 경우는 생각보다 많지 않았다. 그렇다고 이러한 방법을 포기해도 된다는 것은 아니다. 왜냐하면 이와 같은 방식이 노인들에게 교회의 문턱을 낮추어 보다 쉽게 교회로 발을 디딜 수 있는 영혼 구원의 기회를 제공하기 때문이다.

II / 복지 프로그램을 활용한 노인세대 간접전도

　초고령사회를 눈앞에 두고 있는 한국교회는 노인세대의 특성에 기초한 전도전략을 세워야 한다. 일반적으로 노인 복지 프로그램은 직접적으로 복음을 전할 수 있는 도구가 아니다. 그러나 노인 복지 프로그램은 교회가 보다 쉽게 노인세대와 접촉할 수 있게 한다. 복지 프로그램을 통해 적어도 노인세대에게 간접적으로 복음을 전할 기회가 주어질 수 있다. 따라서 복지 프로그램은 교회가 보다 쉽게 노인세대와 접촉하여 전도할 수 있는 분위기를 조성하게 한다. 만약 교회가 복지 프로그램을 활용하여 보다 쉽게 노인세대에게 다가갈 수 있다면 한국교회는 현재 처해 있는 위기를 타개하고, 새로운 부흥으로 나아갈 수 있는 기회를 맞이하게 될 것이다. 따라서 이미 여러 교회가 성공적으로 시행하고 있는 다양한 복지 프로그램을 활용한다면 노인 전도가 보다 활성화될 수 있을 것으로 사료된다. 복지 프로그램을 통해 많은 노인세대와 접촉하여 복음을 전할 수 있는 분위기를 조성하기 위해서는 우선적으로 노인세대가 겪고 있는 여러 문제를 올바로 인식할 필요성이 있다.

1. 노인세대의 분류

노인세대 전도는 노인 분류에 따라 그 특성을 고려한 전문적이고 다양한 전도 프로그램을 준비해야 한다. 노인세대 분류에 대해 브로디(Brody)는 연소노인(young-old)은 60~64세, 중고령노인(middle-old)은 65~74세, 고령노인(old-old)은 75세 이상으로 구분하고 있다. 우리나라에서는 연소노인 60~69세, 중고령노인 70~75세, 고령노인 75세~84세, 그리고 85세 이상은 초고령노인(very old, oldest old)으로 구분하는 경향이 있다(양옥남 외, 『노인 복지론』<학연사, 2005>).

1) 고령, 초고령 노인(75세 이상)

고령, 초고령 노인들 대부분은 노인의 사중고(역할 상실, 빈곤, 질병, 고독과 소외)를 겪고 있다. 고령, 초고령 노인들은 일제치하와 6·25전쟁, 그리고 절대빈곤이라는 시대적 굴곡을 살아 낸 세대들이다. 이들은 자신들의 노후에 대해 준비할 겨를 없이 자식들의 양육과 교육에 전 생애를 희생한 세대들이다. 이들은 또한 노후에 대해 자신들이 그랬던 것처럼 자식들이 부모를 봉양할 것이라는 기대감이 있다. 그러나 실제로 자식들로부터 봉양받지 못할 뿐만 아니라 경제적 노후자금을 비축해 놓지 못한 노인들이 대부분이다. 건강 또한 노인성 질병 중 1~2개 정도는 가지고 있다. 이들 중 20~30%는 "정신 줄 놓으면 안

돼!"라는 문구를 약병에 써 놓고 약으로 긴 하루를 힘들게 연명해 가고 있다.

2) 연소, 중고령 노인(65~74세 이하)

연소, 중고령 노인들은 대부분 3가지 여유를 가지고 있다. 첫째, 경제적으로 여유롭다. 연소, 중고령 노인들은 퇴직금이나 전 재산을 자녀들에게 물려주고 생활비를 받아서 쓰는 고령, 초고령 노인들과는 다른 사고를 가지고 있다. 자식들에게 노후를 기대려는 생각을 일찍이 접고, 스스로 자신들의 노후를 위해 경제적인 준비를 하는 세대들이다. 둘째, 건강하다. 연소, 중고령 노인들은 건강에 대한 관심이 많아 건강식 또는 건강보조식품이나 운동 등을 통해 건강을 유지하려는 욕구가 강하다. 셋째, 자신의 삶을 즐긴다. 연소, 중고령 노인들 대부분은 시간적 여유를 즐기며, 사회활동을 통해 전문적이고 활동적이며 삶을 즐길 수 있는 취미활동에 관심이 많다. 때에 따라서는 사회에 기여할 수 있는 재능기부에도 관심이 있다.

2. 노인세대가 겪고 있는 문제

노인 문제는 노화 과정에서 경험하는 생활상의 여러 가지 어려움을 말하며, 이러한 어려움 때문에 인간으로서 일상생활을 하는 데 필요한 기본적 욕구를 충족하지 못하는 상태를 말한다. 이러한 노인의 어려움은 병고(심신의 건강 상실), 빈곤(경제적인 의존), 고독(인간관계의 단절), 무위(사회적 역할 상실) 4가지로 나눌 수 있다. 우리나라에서 노인 문제가 발생하는 원인으로는 도시화, 산업화, 핵가족화로 집약할 수 있으며, 이 밖의 원인으로는 저출산과 미처 준비하지 못하고 노후를 맞이하고 있는 노인 인구의 증가와 효 문화의 상실 등으로 열거할 수 있다. 이러한 노인세대가 겪고 있는 문제들을 이해할 때, 노인세대 전도가 보다 효과적으로 이루어질 수 있을 것이다.

1) 건강문제

2015년 건강보험심사평가원이 노인 진료비 증가 추이를 분석한 결과, 75세 이상 노인 진료비 비중이 2010년 27.1%에서 2014년 33.5%로 높아졌다. 2016년 10월 24일에 발간된 한국보건복지포럼 10월호에 실린 보고서 "노년기 건강 수준과 정책과제"를 보면, 65세 이상 노인 중 지난 1년간 병·의원 진료가 필요하다고 생각했으나 진료를 받지 못한 적이 있었다고 응답한 비율(병·의원 진료 미치료율)이 8.8%에 이르는 것으로 조사됐다. 치과 진료의 경우에는 1년간 미치료율이 18%에 이르렀다. 뇌혈관, 치매, 파킨슨, 기저핵 등 노인성 질환 환자 수도 지속적으로 증가하는 추세이다. 특히 치매로 입원한 경우는 2010년에 비해 2017년에 예비 노인 46.1%, 전기 노인 29.7%, 후기 노인 86.3%가 증가했다. 주목할 사항은 수명 연장과 인구 고령화로 노인 인구가 늘어난다는 것뿐만 아니라 80세 이상의 초고령 노인이 증가하고 있다는 것이다. 이것은 활동 제한적이며, 젊은 노인보다 복합만성질환을 가진 노인들이 많아지게 되는 것을 의미한다. 노후 준비가 덜 된 노인들은 질병으로 인한 과다한 의료비로 인해 취약한 삶을 살아갈 수밖에 없는 것이다.

2) 독거생활과 고독문제

통계청이 밝힌 '2017 고령자 통계'를 보면 고령자 1인 가구는 전체 노인 가구(65살 이상이 세대주인 가구) 386만 7천 가구의 33.5%다. 2017년 기준 65세 이상 노인 1인 가구는 전년도보다 7만 1,000가구 늘어난 129만 4,000가구로 나타났다. 이렇게 홀로 살아가는 노인이 많지만 홀로 생활하기 위한 생존전략들이 부재하고, 준비할 수 있는 기회조차 주어지지 않는 실정이다. 문제는 이 가운데 대다수가 건강과는 거리가 먼 생활습관을 갖고 있다는 것과 노후 준비가 되어 있지 않아 빈곤에 처할 가능성이 그만큼 크다는 점이다. 실제로 독거노인은 아침 식사하기, 적정 수면시간 지키기, 규칙적으로 운동하기 등 건강관리 실천율이 전체 고령자에 비해 낮았다. 또한 이들 중 절반 이상(55%)은 자신의 건강상태에 대해 '나쁘다'고 생각하는 것으로 나타났다. 독거노인 중 노후를 준비하고 있는 사람도 32.5%에 불과해 전체 고령자 대비 14.4%나 낮은 것으로 조사됐다. 노인 1인 가구가 늘면서 고독사가 가파르게 증가할 것이라는 우려도 나온다. 통계청에 따르면 1인 가구 중 65세 이상 노인 가구가 차지하는 비중은 계속 늘고 있다. 혼자 외롭게 살다가 죽는 고독사는 1인 가구의 증가와 함께 불가피한 현상이다. 이에 따라 고독사 방지나 치매노인 돌보기 등 노인 1인 가구의 문제는 갈수록 심각해질 전망이다.

3) 빈곤문제

우리나라 노인들에게 가장 큰 문제가 무엇인지를 물었는데, 은퇴 후 가장 어려운 문제는 경제적인 문제라고 대답했다. 경제적인 문제 44.6%, 건강문제 30.1%, 외로움 6.4%, 소일거리 없음이 6.3%이다. 경제적으로 은퇴자금 준비 없음이 38.2%이고, 공적연금 의존 31.3%, 개인 준비 30.5%이다. 통계청에 따르면 국민연금, 공무원연금, 사학연금 등 공적연금을 받는 고령자는 2017년 253만 1,000명으로 전체의 39.6%이다. 당장 국민연금을 수령하는 노인들이 34%에 지나지 않는다. 공무원연금, 사학연금 등을 포함해도 공적연금을 수령하는 노인들은 40%가 채 안 된다. 10명 중 6명은 연금을 받지 못하고 있는 것이다. 그나마 연금을 받더라도 수령액이 턱없이 적어 생활에 전혀 보탬이 되지 않는다. 국민연금 수령자의 절반은 월 급여가 10~25만 원 정도라고 한다. 그렇다고 나머지 절반이 충분한 금액을 받고 있는 것도 아니다. 그리고 노인 빈곤율은 2013년 48.1%로 세계 최고 수준으로서, 경제협력개발기구(OECD) 평균인 12.7%보다 4배가량 높다. 노인들이 겪는 경제적 어려움은 노후 준비가 절대 부족한 탓이다. 통계청의 '2015년 가계 금융·복지 조사' 결과를 보면 '노후 준비가 잘 되어 있는' 가구는 8.8%에 불과해 10%도 안 되는 것으로 나타났다. 반면 노후 준비가 제대로 되지 않은 가구는 55.4%로 절반을 넘었고, 전혀 준비되지 않은 가구도 17.4%에 달했다. 은퇴 이후에 빈곤층으로 전락하는 가구가 속출하고 있다. 통계청이 발표한 연령대별 빈곤율 조사 결과를 보면 30대가 8.3%로 가장 낮고, 40대 10.6%, 50대 13.6%로 완만하게 높아지다가 60세 이상으로 올라가면 39.4%로 급증한다. 66세 이상의 빈곤율은 48.3%에 달해 은퇴 이후에는 절반 가까운 사람이 빈곤층으로 전락하는 것으로 나타났다. 여기에서 알 수 있는 것은 노후에 경제적인 문제가 중요하다고 생각하면서도 실제로 준비하지 못하고 있다는 것이다.

4) 사회적 역할의 상실

노인의 지위와 역할은 농업사회에서 산업사회로 바뀌면서 크게 변화되었다. 농경사회에서는 노인이라도 일생 동안 농업이라는 생산수단을 소유하고 있었기에 가족의 중심에 있었다. 그러나 현대사회에서는 직장에서 퇴직한 후에는 임금소득을 상실함으로써 경제적 능력이 약화되고, 이에 따라 사회적 지위도 점차 상실하게 된다. 노화로 인해 나타나는 신체적, 심리적 변화 못지않게 사회적인 면에서도 노인은 청장년과 다른 많은 변화를 보인다. 노인도 지위를 가지고 이에 따른 역할을 수행하면서 개인 또는 집단과 상호작용을 하는, 사회적 관계를 유지하는 사회적 존재라 할 수 있다. 그런데 일반적으로 퇴직한 이후 노인은 사회적 역할을 상실하고, 지위가 저하된다. 직장의 상실은 수입의 감소로 이어져 경제적인 능력이 저하됨에 따라 사회와 가정에서의 권위도 약화된다. 이로 인해 의존성이 증가하면서 소외와 고독을 느끼게 되는 것이다. 가정적으로는 자녀의 결혼 등으로 부모로서의 역할이 변화하게 되고, 은퇴 후 부부관계는 은퇴 전 부부관계와는 다른 역할을 수행하게 된다. 또 성장한 자녀들과의 갈등이 초래될 수 있고, 손자 양육에 대한 갈등도 있으며, 경제적인 문제로 인해 관계가 축소되고 변화된다. 교회 안에서도 직분을 은퇴한 후에는 그 역할이 축소되거나 사라져 상실감을 경험하게 된다. 지위와 역할의 상실에 따른 문제는 현대 산업사회의 일반적인 현상으로, 특히 남성의 경우 정년퇴직 후의 생활에 대한 준비가 부족할수록 역할의 단절과 사회적 손실을 더욱 절실하게 경험하게 된다.

5) 그 외 문제들

첫째는 노인 자살로 고령층 자살률이 꾸준히 늘고 있다. 경찰청의 '연령대별 자살 현황' 자료에 따르면, 2014년 61세 이상 자살한 경우는 4,141명으로 전체 30.3%를 차지했다. 자살을 생각해 봤다는 노인 1,121명을 대상으로 한 통계청의 설문조사 결과, 응답자 중 40.4%가 경제적 어려움 때문에 자살을 생각한 적이 있다고 답했다. 이는 노인 빈곤이 노인 자살의 가장 큰 원인이라는 것을 보여 준다. 특히 고령화되어 가는 베이비붐세대는 자녀 부양과 부모 부양의 부담 증가로 경제적인 어려움을 겪고 있으며, 이것을 해결하지 못하면 경제적, 사회적, 정신적으로 어려움을 겪게 될 것이다. 따라서 고령화되어 가는 세대에 대한 부양 부담을 줄이고, 경제적으로 노후 준비를 할 수 있도록 기반을 조성하는 것이 필요하다.

둘째는 치매의 급증이다. 보건복지부에 따르면 2015년 기준 치매노인 환자는 65만 명에 달한다. 분당서울대병원의 '치매 유병률 조사' 결과에 따르면 치매노인 환자는 2020년 84만 명, 2030년 127만 명을 넘어 2050년에는 지금의 4배가 넘는 271만 명에 육박할 것으로 전망된다. 현재는 노인 인구의 9.8%인 치매 환자가 2050년에는 15.1%까지 늘어날 수 있다. 이렇듯 빠른 속도로 증가하고 있는 치매로 인해 사회적 비용도 급증할 전망이다. 보건복지부에 따르면 2014년 기준 치매 환자 가운데 노인장기요양보험제도 수혜자는 23만 6,000명이다. 나머지 37만 6,000여 명은 가족이 부담을 떠안아야 했다. 전체 환자의 60% 이상이 정부 보호의 사각지대에 있는 셈이다. 정부는 의료비와 간병비, 교통비 등 치매 환자 1명을 돌보는 데 필요한 비용을 연간 2,030만 원 정도로 잡고 있다. 따라서 노인세대는 치매로 인하여 경제적 부담이 클 수밖에 없으며, 가족들 역시 환자를 돌보기 위해 직장을 그만두거나 일하는 시간을 줄이게 되고, 여행이나 출장도 갈 수 없는 고통을 겪게 된다.

셋째는 노인 학대다. 노인 학대란 노인에 대한 신체적, 정신적, 성적 폭력 및 경제적 착취, 가혹행위, 유기, 방임 등을 말하는데, 이 중 80% 이상이 가정 내에서 이뤄지고 있으며, 아들딸이 가해자인 경우가 절반에 달한다. 노인 학대의 가장 큰 문제점은 부모의 피해 대응 방법이다. 혹여 자녀에게 피해가 갈까 우려돼 신고조차 하지 않아 외부로 범죄가 발각되기 어려우며, 이로 인해 자녀들은 별다른 죄책감 없이 지속적으로 범죄를 저지르고 있다. 노인 학대는 더 이상 가정 내 문제가 아닌 명백한 범죄행위라고 할 수 있다.

넷째는 노인의 성 문제이다. 노인의 성 문제는 이미 심각한 수준으로, 더 이상 음지에 머물러서는 안 된다. 우리 사회는 노인들의 성 문제에 대해 아직까지 이렇다 할 대책을 내놓지 못하고 있는 실정이다. 더구나 평균수명이 길어짐에 따라 늘어난 노후의 시간들을 홀로 살아가야 하는 노인들에게 있어 성 문제와 재혼의 문제는 중요한 문제가 아닐 수 없다. 일명 '소주 아줌마'나 '박카스 아줌마', '돗자리부대'들은 노인 성 문제의 심각성을 대변해 주는 이 시대의 아픔을 반영한다. 하지만 무엇보다 심각한 것은 자녀들의 인식이다. 자녀들이 부모님의 결혼을 반대하는 대부분의 이유는 부모님의 재산과 사회적 체면 때문인 것으로 보고되고 있다.

이러한 요인들로 인하여 발생한 노인 문제가 확산되면, 경제적 측면에서 비생산인구를 증가시켜 젊은 세대로 하여금 부양 부담을 가중시키며, 노동력의 부족 현상을 초래하고, 정치적 측면에서 노인들의 완고한 심리적 특성으로 인해 보수적인 경향이 나타나며, 사회적 측면에서는 젊은 세대와의 의견 대립으로 사회 발전의 저해요인이 될 수 있다. 특히, 오늘날 우리 사회에서 흔히 나타나는 노인경시풍조, 노인 소외, 노인 유기, 노인 가출, 노인 범죄, 노인 교통 문제 등은 개인 문제의 차원을 넘어서 심각한 사회 문제가 되고 있는 실정이다. 이러한 문제들은 사회적 합의를 통하여 해결해야 하지만, 아직은 그리 녹록하지 않다.

현재 노인들이 처해 있는 사회적 현실은 노인들이 스스로 자기 노후를 유지하는 데 어려움이 있고, 사회적 안전망이 제대로 이루어지지 않아 불안한 가운데 있다. 여기에다 다가오는 죽음은 노인세대에게 두려움과 불안의 대상이다. 이러한 여러 문제로 고통을 겪고 있는 노인세대에게는 신앙이 더욱 필요하다. 교회가 노인세대를 위해 감당해야 할 그 무엇이 있음을 암시하고 있는 것이다.

3. 노인 복지 프로그램을 활용한 간접전도의 예

1) 노인학교 운영을 통한 노인 전도

(1) 노인학교의 중요성

노인학교 프로그램은 노인 전도에서 가장 검증된 프로그램 중에 하나로 자리잡고 있다. 비신자 노인들을 대상으로 하는 노인학교는 노인 교육과 노인 복지 그리고 노인 전도의 현장이다. 노인들은 노인학교를 통해 다양한 프로그램과 취미, 교육, 친교, 봉사 등의 활동에 참여함으로써 삶의 활기를 찾고, 나아가 노후의 삶을 계획하고 적극적으로 준비하고 있다. 그 중요성을 살펴보면 다음과 같다.

① 제5계명인 "부모를 공경하라"는 하나님의 명령이다. ② 노인 전도에 중요한 역할을 한다. ③ 노인 가족을 전도할 수 있는 기회를 만들어 준다. ④ 가족 간의 갈등문제들을 완화시킨다. ⑤ 노인 교육의 장이 된다. ⑥ 노인들의 삶을 활기차게 해 준다. ⑦ 노인성 질병의 예방 및 치료에 도움을 준다. ⑧ 자살 방지 및 예방에 크게 기여한다. ⑨ 지역사회 속에서 활기찬 자원봉사자로 활동한다. ⑩ 효 문화 회복에 기여한다. ⑪ 지역사회 속에서 교회에 대한 긍정적인 이미지에 도움이 된다. ⑫ 지역과 함께하는 지역 교회가 된다. ⑬ 교회 성장에 중요한 역할을 한다.

(2) 노인학교 프로그램

노인학교 프로그램은 다음과 같이 나누어 운영할 수 있다. 첫째, 예배이다. 예배는 30분 정도로 마치는 것이 좋다. 특히 설교는 어르신들이 이해하기 쉽게 예화 중심으로 하고, 성경도 예화 형식으로 풀어서 하는 것이 좋다. 둘째, 여가 프로그램이다. 예배 후에는 여가 프로그램을 진행하는데, 다양한 프로그램들이 있다. 예를 들면 레크리에이션, 찬양과 율동, 가요 부르기, 건강체조, 스트레칭, 에어로빅, 댄스, 고전무용 등이 있고, 노인들의 취미에 맞추어서 다양한 분반활동을 해도 좋다. 예를 들면 종이접기반, 공작반, 장기반, 게이트볼반, 원예반, 뜨개질반, 한글반, 영어반, 일어반, 가요반, 고전무용반 등이 있다. 또한 동아리 모임을 만들어 주중에도 자연스럽게 교회에 올 수 있도록 하는 것이 좋다. 셋째, 특별행사 프로그램이다. 생일파티, 봄·가을소풍, 졸업여행, 여름·겨울캠프 등 교회의 특성에 맞춰서 운영할 수 있다. 여가 프로그램은 다양하고 많은 것을 제공하는 것도 좋지만, 교회의 특성에 맞게 운영하는 것이 바람직하다. 교회에 노래나 레크리에이션을 잘하는 성도가 있다면 노래나 레크리에이션 하나만 제공해도 좋다. 또한 봉사자들이 없을 경우에는 담임목사나 담당자가 특강(다양한 주제)을 하고 건강체조 또는 스트레칭을 해도 좋고, 프로그램을 할 수 없을 경우에는 음악을 틀어 놓고 함께 춤을 추는 것도 흥겨워하신다.

(3) 식사 제공

노인학교 운영을 망설이는 이유로 식사 문제를 고민하는 경우가 많다. 노인학교 운영은 굳이 식사를 제공하지 않아도 된다. 오전 10시에 시작하여 11시 30분에 마치거나 또는 2시부터 시작해서 3시 30분에 마치고 간식으로 빵과 우유(요구르트) 또는 과일(귤, 바나나 등) 1개 정도를 드려도 좋아하신다. 이러한 노인학교 운영은 노인들이 기독교로 개종하는 데 가장 크게 기여해 오고 있다. 뿐만 아니라 그 자녀들 또한 교회로 나오는 계기가 된다. 실제로 정부한 관계자는 자신의 아버지가 노인학교에 나가면서 자신도 자연스럽게 교회에 나가게 되었다고 한다.

(4) 사 례

노인학교 운영을 주중 1회로 하여 지역 노인들에게 식사와 여가 프로그램을 제공함으로 교회가 전도에 활력을 띠고 있다. 교회 홍보 효과도 뛰어나 매주 등록하는 주민이 늘고 있어 교회 성도들이 노인학교 운영에 열심을 내고 있다. 특히 개척교회나 소형교회들에게는 교회 홍보와 전도에 많은 도움이 되고 있다. 또한 전형적인 농촌마을에서는 농번기 때 노인들이 농사일로 바쁘기 때문에 농한기에만 노인학교를 운영하고 있는 교회도 있고, 지역의 7개 교회가 연합으로 운영하기도 한다. 비용은 지역 기업에서 후원을 받거나 각 교회가 교회 예산의 10%씩을 출원해서 충당하고 있다.

① 대형교회 : 서울서북노회 서부제일교회(김한원 목사)
　　　　　　(서울 서대문구 가좌로 154 / Tel. 02-374-6161)
② 중소도시교회 : 순천노회 금호교회(이창호 목사)
　　　　　　(전남 광양시 금영로 61 / Tel. 061-793-0470)
③ 농어촌교회 : 충북노회 월용교회(김종복 목사)
　　　　　　(충북 청주시 상당구 미원면 월용길 31-11 / Tel. 043-225-9100)
④ 연합운영교회 : 경안노회 신기교회(이상호 목사)
　　　　　　(경북 안동시 녹전면 녹전로 729 / Tel. 054-856-0514)
⑤ 소형교회 : 서울서남노회 사랑교회(강채은 목사)

(서울 구로구 고척로21나길 85-6 건영아파트상가 2층 / Tel. 070-7612-3278)

2) 경로당 건전 놀이문화 보급을 통한 노인 전도

현재 우리나라 전국 규모의 경로당 수는 대략 64,000여 곳으로 파악되고 있다. 이러한 경로당을 중심으로 교회와 경로당이 자매결연을 맺고 자연스럽게 교류함으로 노인 전도의 장으로 활용하면 좋다. 교회는 많은 자원을 보유하고 있다. 특히 노인학교 프로그램들을 경로당에 제공함으로 경로당 문화를 건전하고 기독교적으로 이끌어 가는 일에 앞장서고, 자연스럽게 복음을 전하는 일을 할 수 있다. 실제로 이러한 사업을 2016년 보건복지부 지원사업으로 전국 14개 경로당을 대상으로 진행하여 큰 호응을 얻었다. 경로당 어르신들은 처음에는 경계하고 비협조적이거나 심지어 거부까지 하였지만, 프로그램이 진행되면서 호응도가 점차 높아졌고, 급기야 종료를 앞두자 계속 진행해 달라는 요청이 쇄도했다. 이러한 경로당 섬김은 노인 전도에 크게 기여할 것으로 기대된다.

(1) 교사 교육 세미나

경로당 어르신들의 전도는 구체적인 계획을 짜고, 헌신하는 교사들을 파견하는 것이 중요하다. 그러기 위해서는 노인 전도에 헌신하고자 하는 자원봉사자들을 1일 세미나 형식으로 교육하는 것이 중요하다. 교육을 통해 교사들은 노인 전도에 대한 사명감을 가지게 되고, 노인 이해, 노인 문제, 노인의 관심분야 그리고 노인문화와 정서, 노인들에게 다가가는 방법 등을 배우게 된다. 이러한 교육을 받은 교사들은 경로당 전도에 보다 적극적으로 헌신하게 된다.

(2) 경로당 프로그램 운영

경로당 전도는 교회 주변에 있는 경로당을 방문해서 간단한 간식과 레크리에이션을 제공하는 것으로 할 수 있다. 먼저 찾아갈 때 경로당 회장이나 총무를 만나야 한다. 그분들에게 어르신들에게 건전하고 건강한 놀이를 제공하고자 교회에서 주 1회 방문해도 좋은지 설명하고 양해를 얻어야 한다. 양해를 얻은 후 매주 1회 정한 날에 방문하여 친밀한 관계를 맺는다. 경로당 프로그램은 2~3가지 정도만 제공해도 좋다. 이렇게 친밀관계가 형성되고 난 후 교회에 큰 행사, 예를 들면 어버이날(5월 8일), 노인의 날(10월 2일), 추수감사절, 성탄절, 총동원주일, 부활절 등 특별한 행사에 초청하게 되면 대부분의 어르신들이 교회에 자연스럽게 참석한다. 이때 온 노인들을 환영하며 선물과 식사 대접을 정성스럽게 해 드리면 노인들의 마음이 열리고 복음을 받아들이게 될 것이다.

(3) 사 례

처음 프로그램을 진행할 때는 경로당에서 별로 탐탁하게 여기지 않았으며, 심지어 의심하고 거부까지 하여 설득하는 데 어려움을 겪었지만, 점차 호응도가 높아지면서 프로그램이 끝날 때에는 계속해 달라는 요청이 쇄도했고, 손편지까지 써서 부탁하는 일도 있었다.

① 대형교회 : 순천노회 순천동부교회(이정환 목사)
　　　　　　　(전남 순천시 동문외2길 15 / Tel. 061-751-0071)
　　　　　　　대전서노회 선창교회(김혁 목사)
　　　　　　　(대전 서구 계룡로662번길 21 / Tel. 042-528-9101)
② 중소도시교회 : 서울서남노회 남광교회(조재호 목사)
　　　　　　　(경기 광명시 한내일로 70 / Tel. 02-892-0091)

서울서남노회 예수참기쁨교회(구성수 목사)
(경기 시흥시 군서로54번길 7-1 / Tel. 031-434-3396)

3) 재가복지시설 운영을 통한 노인 전도

재가노인 복지사업은 정신적, 신체적인 이유로 독립적인 일상생활을 수행하기 곤란한 노인 및 노인 부양 가정에 필요한 각종 서비스를 제공함으로써 노인의 생활 터전에서 가족 및 친지와 더불어 건강하고 안정된 노후생활을 영위할 수 있도록 하며, 노인 부양으로 인한 가족의 부담을 덜어 줄 수 있다. 이용대상자는 장기요양급여수급자 이외의 자(등급외자) 중 기초수급권자 및 부양의무자로부터 적절한 부양을 받지 못하는 자로서 혼자서 일상생활을 수행하기 어려워 재가서비스가 필요한 사람(노인보호전문기관에서 학대피해노인으로 입소 의뢰를 받은 노인 포함)을 대상으로 하고 있다.

(1) 재가노인 복지사업의 종류

① 방문요양서비스
장기요양요원이 수급자의 집을 방문해서 목욕, 배설, 화장실 이용, 옷 갈아입기, 머리 감기, 취사, 생필품 구매, 청소, 주변 정돈 등을 도와주는 서비스
② 주야간보호서비스
수급자를 하루 중 일정한 시간 동안 장기요양기관에 보호하여 신체활동 지원 및 심신기능의 유지 향상을 위한 교육, 훈련 등을 제공하는 서비스
③ 방문목욕서비스
장기요양요원이 목욕 설비를 갖춘 차량을 이용하여 수급자의 가정을 방문하여 목욕을 제공하는 서비스

④ 단기보호서비스
부득이한 사유로 일시적으로 가족의 보호를 받을 수 없는 수급자에게 일정 기간 동안 단기보호시설에 보호하여 신체활동 지원과 심신기능의 유지, 향상을 위한 교육, 훈련 등을 제공하는 서비스
⑤ 재가지원서비스(2010년 신설)
경제적·정신적·신체적인 이유로 독립적인 일상생활을 영위하기 어려운 노인과 복지 사각지대 노인들에게 일상생활 지원을 비롯한 각종 필요서비스를 제공함으로써 지역사회 내에서 건강한 생활을 영위하는 데 어려움이 없도록, 예방적 복지 실현 및 사회 안전망을 구축하는 서비스

앞으로 교회가 이러한 재가복지 서비스를 활용하여 교회 노인들뿐만 아니라 지역 노인들을 섬겨 노인 전도에 적극 활용할 필요가 있다. 또한 요양보호사들과의 라포 형성을 통해 자연스럽게 전도할 수 있는 기회가 될 수 있다. 재가복지센터를 설립하려면 시설장 자격을 갖추고 있어야 하며, 시설장 자격은 5년 이상의 경력을 갖춘 요양보호사 1급 상근자 또는 사회복지사 자격증 소지자 또는 의료인 면허 소지자이면 된다. 설치 요건으로는 노인복지법 시행규칙에 의한 재가 노인 복지시설 설치 신고서, 행정서식 등의 양식을 작성하여 해당 시, 군, 구청에 신고하여 승낙을 받은 후 운영할 수 있다. 방문요양과 방문목욕서비스는 시설전용면적 16.5㎡ 이상이면 된다. 주야간보호와 단기보호서비스는 시설 연면적 90㎡ 이상이어야 한다(이용 정원이 6명 이상인 경우 1명당 6.6㎡ 이상의 생활실 또는 침실 공간 확보 필요).

(2) 사 례
재가복지 서비스 사업을 운영하여 요양보호사들뿐만 아니라 재가 서비스를 받는 노인들에게 복음을 전하고 있는 교회들이 있다.

① 대형교회 : 인천노회 제삼교회(이효겸 목사)
(인천 동구 솔빛로 83 / Tel. 032-764-2400)
경기노회 수원성교회(안광수 목사)
(경기 수원시 장안구 덕영대로439번길 18-10 / Tel. 031-207-8123)
② 중소도시교회 : 경기노회 조암신흥교회(이명식 목사)
(경기 화성시 우정읍 조암북로19번길 16 / Tel. 031-358-4857)
강원동노회 강릉노암교회(김홍천 목사)
(강원 강릉시 강변로 278 / Tel. 033-643-0091)
서울서남노회 연세교회(정원섭 목사)
(서울 강서구 공항대로39번길 74 상가동 / Tel. 02-3664-5591)

4) 노인복지관 운영을 통한 노인 전도

노인복지관 운영은 노인의 교양·취미생활 및 사회 참여 활동 등에 대한 각종 정보와 서비스를 제공하고, 노인의 복지 증진에 필요한 종합적인 노인 복지 서비스를 제공하는 시설의 운영사업이다. 노인복지관 운영사업의 목표는 노인복지관이 노인 복지 서비스가 필요한 노인을 대상으로 ① 건강한 노후를 위한 예방 및 돌봄 기반 구축 및 확충, ② 활동적인 노후를 위한 사회 참여 여건 조성 및 활성화, ③ 안정적 노후를 위한 소득 보장의 다양화와 내실화 등을 통해 성공적인 노후가 실현될 수 있도록 지원하는 종합적 노인 복지 서비스 전달 기구로서 중심적 역할을 수행하도록 하는 것이다. 노인복지관은 지역 노인들과 그 가족들을 위해 다양한 서비스를 제공하는 지역기반형 노인 여가 시설이다. 이러한 노인복지관 운영사업은 고령화사회에 진입한 우리 한국 사회의 노인들을 신체적, 정서적, 사회적으로 자립할 수 있게 지원함으로써 노후의 삶을 건강하고 행복하게 만드는 데 크게 기여하고 있다.

(1) 사 례

노인종합복지관 운영을 통해 활기찬 노후생활 지원과 노인 전도에 많은 기여를 하고 있다.

① 대형교회 : 영등포노회 목민교회(김동엽 목사)
　　　　　　(서울 양천구 중앙로45번길 13 / Tel. 02-2601-1004)
　　　　　　울산노회 대흥교회(이흥빈 목사)
　　　　　　(울산 남구 문수로 461 / Tel. 052-257-1901)
② 중소도시교회 : 용천노회 신곡교회(이정재 목사)
　　　　　　　　(경기 의정부시 능곡로 48 / Tel. 031-843-2266)
　　　　　　　　천안아산노회 생명샘동천교회(박귀환 목사)
　　　　　　　　(충남 아산시 배방읍 순천향로 1060 / Tel. 041-549-1004)
　　　　　　　　충주노회 명락교회(이동성 목사)
　　　　　　　　(충북 제천시 동명로4길 12 / Tel. 043-644-3337)

5) 경로잔치를 통한 노인 전도

5월 8일 어버이날과 10월 2일 세계 노인의 날을 기념하여 교회가 지역 어르신들을 초청하여 식사를 제공하고, 선물을 준비하여 위로회를 개최함으로 지역 어르신들을 전도할 기회로 활용할 수 있다.

(1) 사 례

어버이날 또는 노인의 날에 지역 노인들을 초청하여 경로잔치를 통해 노인들을 섬기며, 노인 전도에 적극 활용하고 있다.

① 대형교회 : 목포노회 양동제일교회(곽군용 목사)

(전남 목포시 삼일로 36 / Tel. 061-243-5600)
② 중소도시교회 : 충남노회 예산교회(김종신 목사)
(충남 예산군 예산읍 예산로164번길 5 / Tel. 041-333-2040)
충북노회 학산교회(최철용 목사)
(충북 영동군 학산면 서산로2길 13-10 / Tel. 043-743-6014)

6) 경로당(노인정) 운영을 통한 노인 전도

교회가 운영하는 경로당(노인정)은 지역 노인들의 쉼터 역할을 하고 있다. 특히 여름 무더위를 피하고, 겨울 한파를 피할 수 있는 경로당은 이용하는 노인들에게 사랑방과 같은 친근감을 주고, 여러 가지 정보와 친교를 할 수 있는 곳이다. 그러나 기존의 정부가 운영하는 경로당은 건전한 프로그램이 부족한 상태이다. 경로당 이용 노인들은 대부분 술과 담배 그리고 놀이로는 화투나 윷놀이 정도로 종일을 소일하고 있다. 그러나 교회가 운영함으로 노인학교의 다양한 여가 프로그램을 제공하면서 경로당 놀이문화가 변화되고 있다. 처음에는 갈등이 있지만, 차츰 이용 노인들이 담배와 술을 하지 않고 건전한 경로당이 되고 있다.

(1) 사 례

지역 어르신들을 위한 쉼터를 제공하기 위해 건물을 구입해서 지역 어르신들이 마음놓고 여가와 친목생활을 영위할 수 있도록 지원함으로 노인 전도에 힘쓰고 있다.

① 대형교회 : 서울서북노회 봉일천교회(김용관 목사)
(경기 파주시 조리읍 순비골길 36 / Tel. 031-941-2142)

② 대도시교회 : 서울서남노회 개봉제일교회(김낙원 목사)
(서울 구로구 고척로30길 13-13 / Tel. 02-6084-6271)

7) 반찬 배달 서비스를 통한 노인 전도

지역의 독거노인 및 무의탁 노인들을 대상으로 반찬 배달 서비스를 통해 노인 전도의 기회로 활용할 수 있다. 노인학교를 하는 교회는 노인학교 운영 때 점심식사를 여유 있게 준비해서 지역의 노인들에게 주 1회 배달 서비스를 하거나 정부의 지원을 받아 주 5회 제공하는 반찬 배달 서비스 사업을 할 수 있다. 또한 반찬 배달을 통해 노인들이 생활에 필요한 것들, 예를 들면 보일러 수리, 도배, 전기 수리, 금융서비스 등 노인들의 말벗 도우미까지 함께하는 찾아가는 맞춤형 복지 서비스를 통해 노인 전도에 크게 기여할 수 있다.

(1) 사 례

반찬 배달 서비스를 필요로 하지만 제도적 범위 내에서 지원을 받지 못하고 있는 사각지대에 있는 노인들뿐만 아니라 소외계층과 저소득계층 가정들을 적극 발굴해 밑반찬을 만들어 매주 배달 봉사를 하며 복음전도에 활기를 띠고 있다.

① 대형교회 : 경남노회 새장승포교회(민귀식 목사)
(경남 거제시 능포로 96 / Tel. 055-681-8875)
② 중소도시교회 : 평북노회 가능제일교회(명재민 목사)
(경기 의정부시 흥선로 101 / Tel. 031-872-1331)
부천노회 새롬교회(이원돈 목사)
(경기 부천시 원미구 수도로38번길 23 / Tel. 032-676-0154)

8) 노인 일자리 사업을 통한 노인 전도

노인 일자리 사업은 일하기를 희망하는 노인에게 맞춤형 일자리를 공급하여 소득 창출 및 사회 참여의 기회를 제공하는 제도이다. 노인들은 일을 통한 적극적 사회 참여와 소득 보충 및 건강 증진의 기회를 얻고, 사회적으로는 노인 문제 예방 및 사회적 비용의 절감 효과를 거둘 수 있다. 노인 일자리 사업의 운영 주체는 정부, 지방자치단체, 노인인력운영센터, 민간사업 수행기관이다. 사업 대상은 65세 이상의 노인으로, 대상자에게 '노인 적합형 일자리'를 창출·제공하는 노인 복지 사업의 하나이다.

(1) 사 례

안동교회는 노회 유지재단을 통하여 노인 일자리 사업을 승인받아 2014년부터 유지재단 산하 노인종합복지센터 주관으로 이 사업을 진행하고 있다. 이 사업은 2016년에 두 개 사업인 안동문화관광 도우미 사업과 전통시장 활성화 도우미 사업에 각 75명씩 총 150명의 어르신에게 사회 참여 및 활동을 제공함으로 지역 노인 복지 사역에 큰 힘을 쏟고 있다. 새문안교회는 사회복지법인 새문안교회사회복지재단을 통해 운영하고 있다.

① 대형교회 : 경안노회 안동교회(김승학 목사)
               (경북 안동시 서동문로 127 / Tel. 054-858-2000)
               서울노회 새문안교회(이상학 목사)
               (서울 종로구 새문안로 79 / Tel. 02-733-8140)

9) 독거노인 돌봄사업을 통한 노인 전도

독거노인 돌봄사업은 노인학교를 활용한 복지 사각지대 독거노인을 돌보는 사업으로, 지역 안의 복지 사각지대에 있으면서 고독감과 우울증 위험군의 독거노인을 발굴하여 독거노인지원센터의 도움을 받아 돌봄 서비스를 제공하고, 이들을 노인학교로 유도하여 위기사항에 대한 불안감을 해소하고 지역사회의 일원으로 회복하게 하는 사업이다.

(1) 사 례

독거노인 돌봄사업은 노인학교 교사를 훈련하여 우울감이나 고독감을 가지고 있는 지역 노인들을 찾아가 돌봄으로 사회생활에 적응하도록 돕고 있다. 이러한 서비스는 노인 전도에 많은 도움이 되고 있다.

① 대형교회 : 순천노회 금호교회(이창호 목사)
(전남 광양시 금영로 61 / Tel. 061-793-0470)
② 중소도시교회 : 울산노회 덕신제일교회(안승군 목사)
(울산 울주군 온산읍 신온1길 3-4 / Tel. 052-238-0369)
서울동노회 인창제일교회(김광식 목사)
(경기 구리시 동구릉로 151 건영아파트 상가 3층 / Tel. 031-557-1004)

이외에도 요구르트를 배달, 사랑의 쌀 나누기, 노인복지단체 방문봉사, 독거·무의탁 노인 가정에 도배와 장판 지원 사업 등을 통해 노인들을 섬기며 전도에 활용할 수 있다.

4. 한국장로교복지재단 노인 관련 운영시설 안내

(2018. 1. 8. 현재)

시설명	주 소	시설장	협력교회	전화번호
강북재가 노인지원센터	대구 북구 팔거천동로 206, 503호 http://www.gboldwelfare.com	정요섭	대구동천교회	T : (053)314-0690 F : (053)323-6497
거창노인 통합지원센터	경남 거창군 거창읍 창동로 174 (콜핑 2층) http : //cafe.daum.net/ghsc3365	이경은	중촌교회	T : (055)945-3365 F : (055)945-3364
고창군 노인요양원	전북 고창군 고창읍 전봉준로 88-27 www.gochangnoin.com	박영임	고창중앙교회	T : (063)561-0047~8 F : (063)561-0049
공주원로원 홍복섭하우스 (양로)·(요양) & 주간보호센터	충남 공주시 연수원길 47-30 http : //www.wonrowon.com	이혜진	대광교회	T : (041)853-2347~9 F : (041)853-2349
한남 노인요양원& 구립한남 데이케어센터	서울 용산구 독서당로 103	김종학	한남제일교회	T : (02)790-8999 F : (02)790-8811
구이 노인복지센터	전북 완주군 구이면 하학길 37-5	안정현	모악제일교회	T : (063)222-6085 F : (063)222-6087
김포시 노인종합 복지관	경기 김포시 사우중로74번길 48	김남용		T : (031)997-9300 F : (031)996-3926
김포시 노인복지센터		신용태		T : (031)996-3925 F : (031)997-9338
나주 시니어클럽	전남 나주시 노안면 건재로 596	손복남	나주교회	T : (061)334-7090 F : (061)334-7093
덕수 노인복지센터	서울 성북구 성북로28길 14	신영삼	덕수교회	T : (02)762-4262 F : (02)762-4411
도산 노인복지관& 도산 노인복지센터	울산 남구 대암로129번길 4	김종기	대흥교회	T : (052)265-5221 F : (052)275-9988

기관명	주소	담당자	교회	연락처
동구 노인복지관& 동구재가 노인지원센터	인천 동구 샛골로 177 http://www.indgsenior.org/	박용창	인천제삼교회	T : (032)761-3677 F : (032)763-8535
동부 노인지센터	충북 청주시 상당구 우암로54번길 9-7, 한신빌리지 305호 www.082.co.to	최보라	동부교회	T : (043)221-0040 F : (043)250-0097
동북복지마을	전북 남원시 네마실3길 12-1	소은숙	동북교회	T : (063)625-0888 F : (063)625-0889
밤밭 노인복지관& 밤밭 주간보호센터	경기 수원시 장안구 상률로 53	조성호	수원성교회	T : (070)4047-8855 (031)271-8859 F : (070)4047-8859
벧엘 노인요양원	경기 안양시 만안구 경수대로 1236, 4층(석수동)	김미희	예수세계교회	T : (031)472-0191 F : (031)472-7378
봄날 노인복지센터	광주 서구 상무대로1014번길 33	김지수	한울교회	T : (062)385-9097 F : (062)371-8373
부안군 노인요양원	전북 부안군 부안읍 봉두길 52 http://www.부안군노인요양원.kr/	정용국	부안제일교회	T : (063)584-0365, 584-2365 F : (063)581-6365
부안군 재가노인 지원센터		송용기		T : (063)582-5365
부천 노인복지센터	경기 부천시 원미구 부흥로 256 계남아카데미빌딩 301호 http://www.h-helper.org	이종화	너머서교회	T : (032)613-7002 F : (032)613-7004
부천시 경로주간 보호센터	경기 부천시 원미구 신흥로53번길 38(심곡동) http://www.bcsilver.or.kr	이승주	성도교회	T : (032)663-9577 F : (032)662-9599
삼덕기억학교	대구 중구 공평로 22, 8층	이은주	삼덕교회	T : (053)268-3271~2 F : (053)268-3273
삼덕 노인복지센터		윤광수		T : (053)423-3279 F : (053)423-3282

기관명	주소	대표자	교회	연락처
서포항노인복지센터&포항행복지원센터	경북 포항시 북구 기계로69번길 9	이대형	기계제일교회	T : (054)255-2111 F : (054)255-2110
섬김의집(휴업)	경기 고양시 일산동구 설문동 264	이경숙	호수교회	T : (031)977-2719 (031)908-2714
송내노인주간보호센터	경기 부천시 소사구 성주로 86-4 (송내동) http : //www.snsilver.co.kr	박영목	참된교회	T : (032)651-0671 F : (032)657-0671
수원시니어클럽	경기 수원시 팔달구 수성로182번길 85	이종성	수원성교회	T : (031)202-1435~7 F : (031)202-1494
신곡노인종합복지관	경기 의정부시 금신로297번길 38	배승룡	신곡교회	T : (031)840-5300~1 F : (031)840-5306
신진노인복지센터	전남 진도군 고군면 오일시1길 24-3 www.jindo.or.kr	조원식	신진교회	T : (061)543-9182, 543-9184 F : (061)543-9186
아로마요양원&아로마재가노인복지센터	전남 광양시 중촌길 4-1	최기출	광양대광교회	T : (061)791-0179 F : (061)795-0179
아산시 동부노인복지관	충남 아산시 배방읍 순천향로 1060	이창우	동천교회	T : (041)533-7722, 532-7722 F : (041)533-7752
양천어르신종합복지관&부설요양센터·데이케어센터	서울 양천구 목동로3길 106 http : //www.ycnoin.org E-mail : ycnoin@ycnoin.org	한승호	목민교회	T : (02)2649-8813~5 F : (02)2649-8802 요양센터 (02)2649-8836 데이케어 (02)2649-7707
연지노인복지센터	서울 강서구 화곡로58길 30-7	이재민	치유하는교회	T : (02)2605-7501 F : (02)2605-7504
연지데이케어센터	서울 강서구 화곡로58길 30-8			T : (02)2605-7503 F : (02)2605-7504

영도중앙 노인복지센터	부산 영도구 대교로 50	강민수	땅끝교회	T : (051)415-4006 F : (051)415-4003
예원 노인복지센터	대구 수성구 파동로38길 39 http : //www.yewonwel.co.kr	한승엽	파동제일교회	T : (053)762-7530 F : (053)762-7540
온누리재가 노인지원 서비스센터	경북 상주시 경상대로 3075	안희성	상주교회	T : (054)535-1127 F : (054)535-1340
용진 노인복지센터	전북 완주군 용진면 상운길 11-14	김정숙	성광교회	T : (063)243-9111 F : (063)714-2012
운주 노인복지센터	전북 완주군 운주면 금고당로 186-13	이건희	금당교회	T : (063)262-7370 F : (063)262-7376
진도 노인복지센터 (휴업 중)	전남 진도군 고군면 오일시1길 26-6 www.jindo.or.kr	조원식	신진교회	T : (061)543-9182~3 F : (061)543-9186
청운실버센터	서울 종로구 자하문로28길 29	김기선	예능교회	T : (02)730-4966~7 F : (02)725-4967
파주시 은빛사랑채	경기 파주시 법원읍 술이홀로 832	조혜숙	봉일천교회	T : (031)958-0088 F : (031)958-1454
하담 노인복지센터	대구 수성구 지범로21길 10-10 http : //222.hadam.or.kr	민유선	하늘담은교회	T : (053)784-7338 F : (053)784-7337
화곡 노인복지센터	서울 강서구 월정로30길 96	이재민	치유하는교회	T : (02)2605-6900~1 F : (02)2605-6907
화순 노인복지센터 & 화순요양원	전남 화순군 화순읍 정곡로 115 http : //cafe.daum.net/hshs0034	강경희	봉선교회	T : (061)374-0034 F : (061)373-1177
화원 데이케어센터	서울 구로구 벚꽃로 484	고명숙	광진교회	T : (02)6925-5288 F : (02)837-0787
흥선 노인복지센터	경기 의정부시 호국로1183번길 26	배승룡	신곡교회	T : (031)840-5302 F : (031)879-7272

Ⅲ. 노인 전도지 및 해설

1. 우리를 향한 하나님의 큰 사랑을 아십니까?

전도란 '기쁜 소식을 전한다'는 뜻으로 예수님을 믿지 않는 사람들에게 예수님을 믿고 영접함으로써 구원을 얻게 하고, 하나님의 자녀가 되게 하며(요 1 : 12), 영생을 얻게 하는 것이다(요 3 : 16). 전도는 전인적인 돌봄의 시작이며,

더 풍성한 생명으로 인도하는 것이다(요 10 : 10). 전도는 하나님의 사랑을 알게 하는 것이고, 예수 그리스도를 영접함으로 구원에 이르게 하는 접촉점이다. 예수님이 죄로 인하여 고통을 당하는 많은 사람들의 신음과 삶의 정황에 대하여 관심을 가지고 사역하고 사랑하신 것처럼(마 9 : 36-37), 노인 전도는 고통당하고 신음하는 노인들에 대한 관심의 표명과 간여, 응답이며, 하나님의 사랑을 통하여 노인들을 영과 육의 전인적 삶의 회복으로 인도하는 것이다. 그리하여 궁극적으로 영원한 생명을 얻게 하는 것이다.

2. 안녕하십니까? 요즘 어르신은 어떻게 지내고 계십니까?

우리 노인들이 가지고 있는 문제는 첫째, 질병문제로 뇌혈관, 치매, 기타 퇴행성 질환 등 노인성 질환 환자 수가 늘어나고 있는 것이다. 특히 급증하는 후기 노인(80세 이상)은 활동제한과 복합만성질환을 가지고 있어 사회적 돌봄이 필요하다. 또한 의료비가 제대로 준비되지 않아 치료를 받지 못해 어려움을 겪는 노인이 많아지고 있다. 둘째, 고독문제로 은퇴 후에 사회적 관계 축소와 자녀들의 결혼으로 인한 가족관계 축소로 노인단독가구나 홀로 살아가는 노인이 많지만, 홀로 생활하기 위한 생존전략들이 부재하여 고독과 우울에 빠진 노인이 많아지면서 고독사가 늘고 있다. 셋째, 빈곤문제로 한국의 노인 빈곤율은 46.7%로 OECD 평균 12.4%의 4배이다(통계청, 2016). 더구나 노후 준비가 제대로 되지 않은 가구는 55.4%로, 절반을 넘어 노인 빈곤의 문제가 심각해지고 있다. 넷째, 노인은 경제적 능력의 약화와 사회적 지위 상실로 역할의 축소와 상실을 경험하게 되고, 가정적으로도 자녀에 대한 역할이 축소되었다는 것이다. 이외에도 노인 자살, 노인 부양, 노인 학대, 노인 범죄 등 많은 노인들이 사회적 문제에 노출되어 있다.

3. 나에게 관심 가져줄 사람이 있습니까?

오늘날 핵가족화가 심화되어 노인부부가구와 1인 노인가구가 많아지고 있고, 노인에 대한 돌봄과 관심이 점차 줄어들고 있다. 이러한 원인은 부양의식의 변화에서 찾을 수 있다. 지난 20년이 채 안 되는 사이에 노인에 대한 부양의

식이 점점 변화하고 있다. 부모 부양의 책임이 가족에게 있다는 생각은 급격히 줄었지만, 국가와 사회 등이 책임져야 한다는 인식은 지속해서 증가해 주된 부양 가치관으로 변하고 있다. 이유를 보면 부양해야 할 자식세대는 자기들 삶을 꾸리기에도 벅차다는 것이다. 취업난 등으로 청년층이 돈을 벌기 시작하는 나이가 점점 늦춰지고 있고, 결혼한 후에도 자녀들의 교육과 양육으로 부양하기가 힘들다. 그렇다면 부모세대가 스스로 책임을 져야 하는데, 현실은 그렇지 못하다. 부모 부양과 자식 교육 등에 돈을 쏟아부어 지금의 노인 세대들은 스스로를 위한 노후 준비가 되어 있지 않다. 이러한 현실에서 국가가 책임을 져야 하지만, 공적연금이나 개인연금을 기대하기도 점점 힘든 상태가 되고 있다.

4. 어떤 소원을 갖고 계십니까?

부모님들의 공통적인 소원은 자녀들이나 손자녀들이 다 잘되고 행복하게 살아가는 것이다. 그러나 죽음 이후에 대한 자녀와 손자녀와의 관계를 생각

하지 않는다. 자녀와 손자녀를 두고 죽는 것이 어르신들에게는 슬픔과 고통으로 다가온다. 그러므로 어르신에게 신앙을 가지게 되면 세상을 떠난 후에도 자녀와 손자녀와 함께 영원히 생활할 수 있다는 것을 확신시켜 주어야 한다. 하나님은 자녀와 손자녀와 함께 영원히 함께 살고 싶어하는 어르신의 소원을 만족케 하시기 때문이다(시 103 : 5).

5. 하나님 사랑을 알고 계십니까?

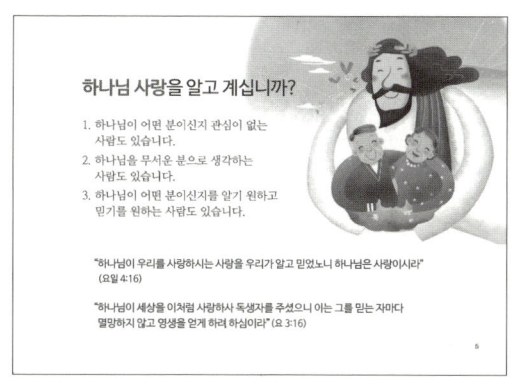

믿지 않는 사람들은 대부분 하나님을 잘 알지 못한다. 동시에 기독교에 대한 부정적 이미지를 가지고 있어서 마음을 열게 하는 것이 쉽지가 않다. 이러한 상황에서 하나님이 사랑이심을 알게 하여 하나님에 대해 알려 주고, 교회의 부정적 이미지를 바꾸어 주어야 한다. 하나님은 사랑 자체이시고(요일 4 : 16), 우리를 먼저 사랑하셨고(요일 4 : 19), 자신의 사랑을 나타내기 위하여 이 땅에 예수 그리스도를 보내시어 화목제로 삼으셨다(요일 4 : 10). 예수님을 통하여 보여 주신 하나님의 사랑은 무조건적 사랑(아가페)이며, 사랑하시되 끝까지 사랑하셨다(요 13 : 1). 하나님은 예수님의 십자가를 통하여 우리를 구원해 주셨고, 영생을 얻게 하시며(요 3 : 16), 하나님의 자녀가 되는 권세를 주셨다(요 1 : 12). 우리가 이 사랑 안에 거하면 죄로부터 기인하는 두려움이 없고 심판 날에 담대함을 가지게 된다(요일 4 : 17).

6. 하나님을 아십니까?

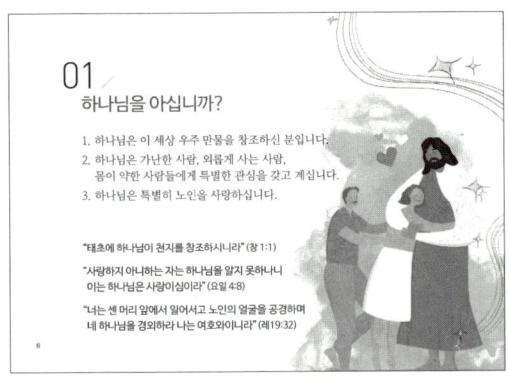

하나님은 천지를 창조하신 분이며(창 1 : 1), 유일하신 분이며(신 6 : 4), 거룩하신 분이며(레 19 : 2), 우리와 함께하시는 분이다(사 7 : 11). 하나님은 노년에 이르기까지 품을 것이요, 업을 것이요, 구하여 내리라고 말씀하고 계신다(사 46 : 4). 하나님은 백발의 노인을 만나면 일어서고 노인의 얼굴을 공경하라고 말씀하고 있다(레 19 : 32). 더 나아가 하나님은 늙은 자에게는 지혜가 있고, 장수하는 자에게는 명철이 있다고 말씀하고 있다(욥 12 : 12). 하나님은 노인에게 복을 위임하여 자손들에게 축복권을 주셨다(창 49 : 33). 노인들은 오랜 생의 경험들을 통하여 훌륭한 교사로서 지혜와 분별력을 가지고 있으며(신 32 : 7,

욥 12 : 20, 32 : 7), 노년에도 남을 위하여 자신의 힘으로 섬기고 봉사하는 주체자이며(삿 19 : 16-21), 노인은 미래에 대한 참다운 비전을 제시할 하나님의 일꾼이요(욜 2 : 28), 하나님이 부르실 그날까지 하나님을 위해서 수고해야 할 헌신자(몬 1 : 9)와 사역자(민 11 : 24)로 선포되고 있다.

7. 죽지 않는 사람이 있을까요?

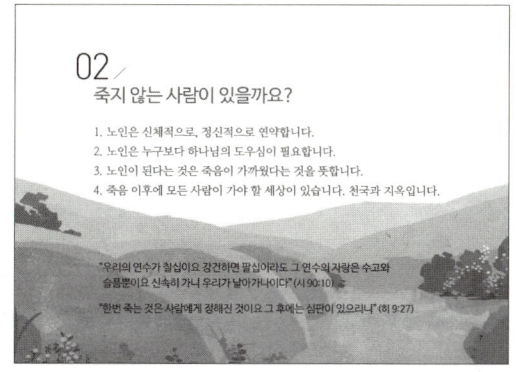

모든 사람들은 오래 살기를 바라지만 오래 살지 못하고, 산다 하더라도 신체적으로, 정신적으로, 영적으로 연약해져 간다. 그래서 성경에서도 우리가 연수가 칠십이요, 강건해도 팔십을 넘지 못한다고 말한다(시 90 : 10). 전도서에서도 나이가 들어 가면 신체적으로 연약해지고 나중에는 죽을 수밖에 없는 존재이며, 모든 것이 헛되다고 말하고 있다(전 12 : 1-8). 분명한 것은 모든 사람은 죽는다. 성경은 사망이 죄로 말미암아 온다는 것을 말하고 있다. 죄로 말미암아 모든 인간은 심판 아래에 있고, 죄의 종으로 하나님의 영광에 이르지 못하고(롬 3 : 23), 육체의 욕심에 따라 살아감으로 말미암아 진노의 자녀가 되어 살아간다(엡 2 : 3). 따라서 모든 사람은 하나님의 심판 아래 있다(롬 3 : 19). 죄를 지은 사람은 결코 하나님 앞에 나아갈 수가 없다. 그러므로 우리의 행위로는 하나님의 긍휼하심과 중생의 씻음과 성령의 새롭게 하심을 받지 못한다(딛 3 : 5).

8. ○○○님은 반드시 천국에 가셔야 합니다.

로마서 5 : 12에서 한 사람은 아담인데, 아담은 하나님의 명령에도 불구하고 불순종한다. 불순종한 결과로 자신뿐만 아니라 모든 사람이 죽게 되었다. 여기 본문에서 말하는 사망이란 육체적인 죽음뿐만 아니라 생명의 근원 되신 하나님과의 관계가 단절되는 것을 의미한다. 본문에서 이르렀다는 것은 '퍼지다', '확산되다'의 뜻으로, 아담이 지은 죄의 결과로 모든 사람이 사망에 이르게 된다는 것이다. 아무도 죄를 깨끗하게 할 수 없고(잠 20 : 9), 그 죄로 사망에 이른다. 사망은 육체의 죽음으로만 끝나는 것이 아니라 예수님이 재림하시면 다시 예수님 보좌 앞에 나아가 자기의 행위대로 심판을 받게 된다. 그리스도를 믿은 사람은 영생을 얻게 되지만, 그렇지 않은 사람은 영원한 사망(불못)에 이르게 되는 것이다(계 20 : 11-15). 우리가 천국에 가는 길은 내 행위가 아니라 오직 예수님을 믿음으로만 갈 수 있음을 아는 것이 중요하다.

9. 죄를 안 지은 사람이 있을까요?

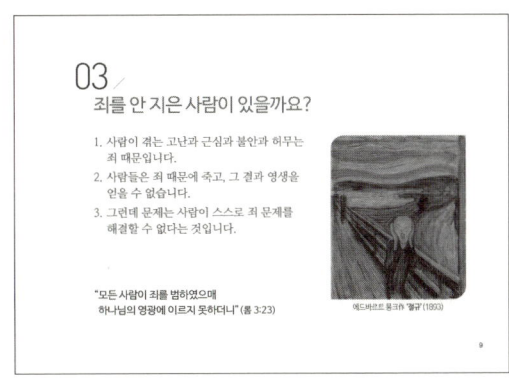

죄는 불의(롬 1 : 18)요, 불법(요일 3 : 4)이며, 불순종이다(롬 5 : 19). 다시 말하면 하나님을 떠나 있는 상태가 죄의 상태이며, 죄의 상태에서는 온전한 생명과 행복을 누릴 수 없다. 죄는 헬라어로 '함마르티아'인데, 화살이 과녁을 빗나가는 것을 의미하는 것으로 우리가 하나님이 뜻하신 목적대로 살아가지 않는 것이 죄이다. 우리가 하나님께 지음 받은 자로서 해야 할 일을 다 하지 못하고, 하나님의 말씀을 따라 살지 않는 것도 죄이다. 죄의 결과, 우리는 하나님과 분리되며(사 59 : 2), 마음에 평강을 잃고 고통을 당하게 된다(사 57 : 20-21). 그래서 진리와 선한 것을 받아들이지 못하고(고후 4 : 3-4), 하나님의 나라를 유업으로 받을 수 없으며(고전 6 : 9-10, 갈 5 : 19-21), 심판을 받아 멸망에 이르게 된다(창 6 : 5-7, 마 23 : 33, 롬 6 : 23). 죄를 범한 인간은 선을 행하거나, 지적인 탐구나, 깨우침이나, 지식이나, 지혜로 결코 구원을 받을 수 없다(고전 1 : 21).

10. 천국은 죄를 가지고는 절대로 갈 수 없습니다.

천국은 하나님이 계신 곳이며, 하나님은 죄가 없는 거룩한 분이다. 그래서 죄를 가지고는 천국에 갈 수 없다. 모든 사람들이 마음에 하나님을 두기를 싫어함으로 죄를 범하게 된다(롬 1 : 28). 죄를 범하는 자들은 죄의 종이고(요 8 : 34), 이들은 육신의 일을 도모한다. 육신의 일은 음행과 더러운 것과 호색과 우상숭배와 주술과 원수 맺는 것과 분쟁과 시기와 분냄과 당 짓는 것과 분열함과 이단과 투기와 술 취함과 방탕함과 또 그와 같은 것들이고, 이를 행하는 자들은 하나님의 나라를 유업으로 받지 못한다(갈 5 : 19-21). 하나님이 손이 짧아 구원하지 못하심도 아니고, 귀가 둔하여 듣지 못하시는 것도 아니다. 우리의 죄들이 하나님과 우리 사이를 갈라놓고, 우리의 죄가 그 얼굴에 가려서 하나님이 우리의 소리를 듣지 못하신다(사 59 : 1-2). 사람들은 처음부터 하나님을 싫어하고, 하나님을 적극적으로 알기를 원하지 않고, 육체의 일을 도모하며 살아감으로 천국에 이르지 못한다.

11. 예수님을 아십니까?

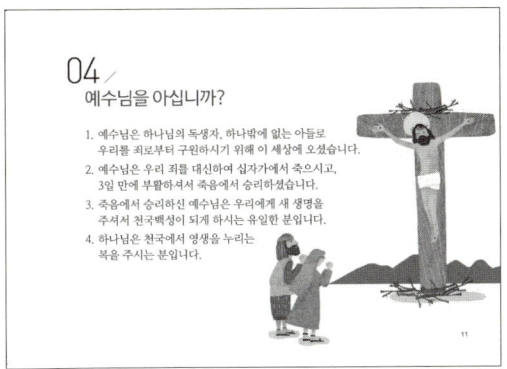

예수님은 우리를 구원하신 분이며, 살아 계신 하나님의 아들이시다(마 16 : 16). 예수님은 하나님과 동등하시지만 오히려 자기를 비워 종의 형체를 가지사 사람과 같이 되셔서 자기를 낮추시고, 우리를 구원하기 위하여 십자가에서 죽기까지 복종하신 분이다(빌 2 : 6-8). 예수님은 장사된 지 3일 만에 다시 살아나셨고, 우리를 위하여 다시 오실 것을 약속하신 분이다(행 1 : 11). 그리고 예수님은 우리와 영원히 함께하겠다고 말씀하신다(마 28 : 20). 예수님은 이 땅에 오셔서 회당에서 가르치시고, 천국 복음을 전파하시고, 모든 병과 모든 약한 것을 고치셨다(마 9 : 25). 그러므로 오직 예수님을 믿음으로써만 심판에 이르지 않고 사망에서 생명으로 옮기게 된다(요 5 : 24). 죄로부터의 해방은 십자가를 통하여 상함과 징계와 채찍을 맞음으로 우리를 구원하신 예수님을 믿는

것이다(사 53 : 5). 오직 예수님만이 우리를 죄와 사망으로부터 해방시키고, 우리에게 참 자유와 영생과 세상이 알 수 없는 평안을 주실 수 있다.

12. 내가 곧 길이요, 진리요, 생명이니

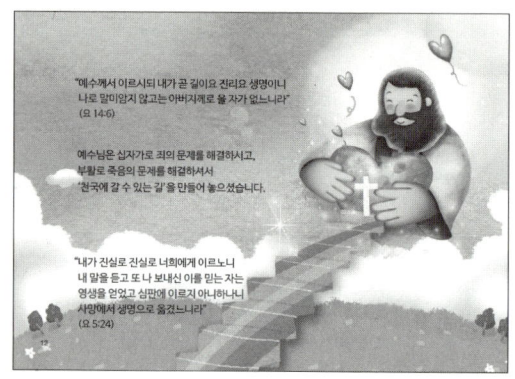

요한복음 14 : 6의 "내가 곧 길이요 진리요 생명이니"라는 말씀은 예수님의 구속의 사건을 통해서만 하나님 앞에 나아갈 수 있음을 알려 준다. "내가 곧 길이다"라는 말씀은 길이 목적지에 잘 도달할 수 있도록 하는 역할을 하는데, 예수님이 천국에 이르는 길이 되시고, 생명과 영광에 이르는 길이 되신다는 것이다. "내가 생명이다"라는 말씀은 생명의 근원이신 예수님을 통하여 생명력이 우리 안에 들어와 구원에 이르게 되는 것이다. 요한복음 5 : 24의 "내 말을 듣고 또 나 보내신 이를 믿는 자"에서 들음과 믿음은 밀접한 관계이다. 예수님을 믿으려고 한다면 예수님의 말씀을 듣고 더 나아가 실천하는 것을 의미한다. 영생은 믿고 순종할 때 얻게 되는 하나님의 선물이다. 즉, 믿는 순간부터 영생을 가지게 되며, 심판을 받지 않고 생명에 이르게 되는 것이다. 그러므로 복음을 듣는 순간에 믿음이 생기고, 그 믿음으로 심판에 이르지 않고 영생을 얻고 사망에서 생명으로 옮기게 된다.

13. 어떻게 해야 할까요?

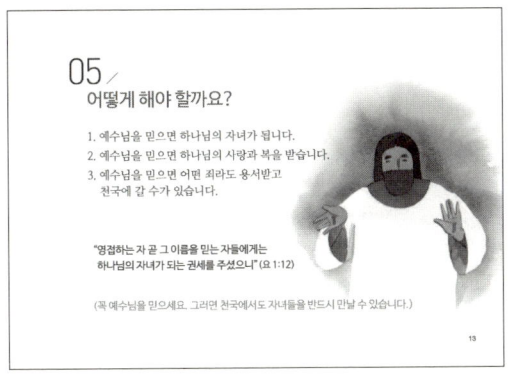

요한복음 1 : 12은 구원이 예수님을 영접함으로 이루어진다는 것을 알게 하신다. 예수님을 영접하는 것은 성별이나 빈부, 인종, 남녀노소, 혈통 등 차별 없이 모든 사람들에게 주어진다. 그 이름이라는 것은 그 본질 총체를 의미하며, 완전한 계시 말씀으로 오신 예수님을 의미한다. 영접한다는 것은 우리가 믿음으로 예수님을 영접하고, 입으로 예수님을 주로 시인하며, 하나님이 죽은 자 가운데서 예수님을 살리신 것을 믿는 것이다. 사람이 마음으로 믿어 의에 이르고 입으로 시인하여 구원에 이르는 것이다(롬 10 : 10). 우리가 주의 이름을 부르면 구원을 받으며(롬 10 : 13), 누구든지 사람 앞에서 시인하면 하나님이 우리를 시인하여 주신다(마 10 : 32-33). 그러므로 우리는 예수님을 믿음으로 십자가에 못 박혀 죽고 다시 예수님과 더불어 사는 것이며, 믿음 안에서 살아가는 것임(갈 2 : 20)을 고백하며 살아가야 한다.

14. 이제부터 예수님을 믿으며 살아가시겠습니까?

　예수님을 영접하는 기도는 스스로 고백하게 해야 한다. 아니면 한 절을 읽고 따라 읽게 하는 것도 좋다. 본인이 기도하기가 어려울 때는 대신 기도를 해 줄 수 있다. 영접기도를 마친 뒤에는 분명히 죄를 용서받고 구원과 영생을 얻었음을 다시 확인하여 확신을 가지게 해야 한다.

　"사랑의 하나님! 누구든지 예수님만 믿으면 죄를 용서받고 천국에 갈 수 있다고 약속하셨습니다. 저의 모든 죄를 용서하여 주옵소서. 이제부터 주님만 믿으며 살겠습니다. 저를 받아 주옵소서. 예수님의 이름으로 기도합니다. 아멘."

15. 하나님의 약속

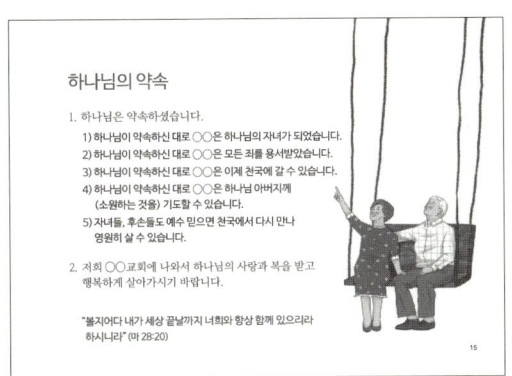

　우리가 예수님을 영접하면 생명을 얻고 더 풍성히 얻게 되고(요 10 : 10), 영접함으로 그 이름을 믿는 자에게는 하나님의 자녀가 되는 권세를 주신다(요 1 : 12). 그리고 다시는 우리의 죄와 불법을 기억하지 않으시며, 죄를 사하여 주신다(히 10 : 17-18). 우리에게 영생을 주셔서 멸망하지 않고, 하나님의 손에서 다시는 놓지 않으신다(요 10 : 28-29). 성령을 통하여 우리와 영원히 함께 있게 하시고(요 14 : 16), 모든 것을 가르치시고, 예수님이 말씀하신 모든 것을 생각나게 하신다(요 14 : 26). 또한 우리가 구하는 모든 것을 주시고, 우리의 삶에 기쁨을 주신다(요 16 : 24). 그리고 세상 끝날까지 우리와 항상 함께해 주신다는 것을 알게 해 주어야 한다(마 28 : 20).

IV. 노인세대 전도를 위한 전도용품 활용법

　고령화시대를 맞이하고 있는 한국교회에 있어서 노인세대를 위한 전도용품은 다른 세대와 마찬가지로 전도 시 빼놓을 수 없는 필수품이라고 할 수 있다. 그러나 반드시 필요한 전도용품이라면, 주는 사람의 입장에서 선택하기보다는 받는 사람을 배려하여 선택하고 전달해야 한다. 왜냐하면 전도자가 복음과 함께 정성을 담은 용품을 전달할 때 전도대상자의 마음이 움직여 풍성한 열매를 거둘 수 있기 때문이다. 효과적인 전도를 위해서는 좋은 전도 환경이 준비되어야 한다. 전도지, 전도용품, 전도용 선물 등은 전도를 위해 꼭 필요한 조건이라고 할 수 있다. 그런데 시중에 많은 전도용품이 있지만 전도대상자들이 필요하고 호감을 가질 용품을 선택하는 것은 쉬운 일이 아니다. 보기에 좋은 것을 고르면 가격이 맞지 않고, 가격을 맞추면 전도대상자들이 좋아하지 않는 경우도 종종 있다. 따라서 전도용품이 효과적인 열매를 맺기 위해서는 가격뿐 아니라 대상자들의 호응도도 충분히 고려해야만 한다.

그렇다면 노인세대를 위한 전도용품을 선택할 때 고려해야 할 점은 무엇일까? 전도용품을 선택할 때는 대상자의 심리, 삶의 환경 등을 우선적으로 생각해야 한다. 효과적인 전도를 위해서는 우선적으로 대상자의 마음을 움직여야 한다. 대상자의 마음을 움직이는 전도만이 열매를 거둘 수 있기 때문이다. 전도용품은 생각 이상으로 전도 시 중요한 역할을 한다. 복음과 함께 제시되는 전도용품은 노인이라는 특별한 전도대상자의 마음을 흡족하게 하여 그 마음을 움직일 수 있어야 효과적일 수 있다. 비록 한 번 받는 것이라 하더라도 노인들에게 유익을 주어 마음을 움직일 수 있는 전도용품이 필요하다. 따라서 교회가 우선적으로 고려해야 할 것은 노인세대가 유익한 것으로 간주하여 선호할 수 있는 전도용품을 선택하는 것이다.

우리는 패션시대를 살고 있다. 이것은 비록 노인세대라 하더라도 시대적인 감각을 갖춘 전도용품이 필요함을 인식해야 한다는 것을 뜻한다. 노인세대에게 관심과 시선을 끌 뿐 아니라 친근하게 다가갈 수 있도록 디자인된 전도용품이 필요하다. 더욱이 노인세대를 위한 전도에는 봄·여름·가을·겨울 등 계절에 따른 용품이나 노인마다 처한 특별한 상황에 맞는 용품을 사용하는 것이 효과적일 수 있다.

1. 전도용품의 역할

현실적으로 전도에는 많은 어려움이 따른다. 그리스도의 복음을 전하는 것은 예수님의 지상명령인 동시에 교회의 사명임에도 불구하고 성도들은 복음을 전할 기회를 얻기가 쉽지 않다. 복음을 전할 기회가 별로 없고, 전도를 시작할 수 없으니 더 이상 앞으로 나아가지 못하는 것이다. 예를 들어 아파트에 살고 있는 주민들에게 전도를 하려고 해도 아파트 입구에서부터 차단되어 아파트 주민을 만날 수 없고, 학교 정문 앞에서 학생들에게 전도를 하고 싶어도 학교 입구에 존재하는 장애물로 인해 전도하기 쉽지 않다. 전도지를 나누어 주려고 해도 등록을 해야 하며, 잘못하면 신고를 당할 수도 있는 것이 요즘의 현실이다.

그러나 전도용품은 전도대상자와 보다 쉽게 관계를 맺고 접촉할 수 있는 도구로 활용될 수 있다. 마음에 품고 있는 전도대상자를 만나 복음을 전하려고 해도 매개체가 없어 쉽게 다가서지 못하는 경우가 적지 않은데, 전도용품은 이것을 해소하는 역할을 할 수 있다. 또한 전달되는 전도용품에 따라 지역 주민과 전도대상자들에게 그 교회만의 특별한 교회 이미지를 심어 주기에 용이하다. 감자탕교회는 교회를 다니지 않는 사람들에게조차 '감자탕'이라는 이미지로 그 교회를 기억하게 한다. 예를 들어 구충제를 전도용품으로 활용한 교회는 그 교회를 '구충제교회'로 쉽게 기억하며, 파스를 주된 전도용품으로 사용한 교회는 '파스교회'라는 이미지를 갖게 된다.

2. 전도용품의 선정 기준-필요를 고려하라!

1) 작고 가벼운 것이 좋다.

전도자는 언제 어디서나 준비되어 있어야 한다. 작고 가벼운 전도용품은 전도자가 보관하거나 휴대하기에 용이하다. 또한 상시 휴대가 가능한 전도용품은 찾아온 전도의 기회를 잃지 않게 할 수 있다.

2) 소모성 물품이 좋다.

오래 보관할 수 있는 전도용품보다 소모성 물품이 반복해서 주기도 좋고, 무엇을 줄까 걱정하지 않아도 된다. 쉽고 빠르게 소모되기 때문에 반복해서 사용할 수 있는 전도용품이 필수적이다.

3) 계절별 물품이 좋다.

전도용품은 주는 사람에 따라 결정되는 것이 아니라 전도대상자의 형편을 고려하는 것이 중요하다. 교회 형편에 따라 전도용품을 결정하기보다는 전도대상자가 좋아하는 것, 필요한 것을 나눌 때 훨씬 좋은 반응과 효과를 거둘 수 있다.

4) 상대의 나이나 직업을 고려하면 좋다.

무차별적으로 전도용품을 살포하기보다는 전도대상자의 연령이나 직업 등을 고려하면 전도용품의 선택품목이 축소되어 보다 용이하게 결정할 수 있다. 또한 전도용품을 특정할 때 소요되는 예산을 미리 예측해 교회가 미리 준비할 수 있게 한다.

5) 건강을 고려하는 것도 좋다.

요즘 많은 사람들이 건강을 생각해 음식물을 선택한다. 따라서 전도용품을 선택할 때 건강을 고려할 필요가 있다. 예를 들어 노인 전도에 있어서는 사탕

보다는 비타민을 전도용품으로 선택하는 것이 좋다.

6) 먹는 전도용품이 좋다.

전도에는 시간이 필요하다. 따라서 가정과 일상생활에서 사용할 수 있는 물품을 나눠 주는 것도 좋지만, 먹을 수 있는 전도용품은 만난 자리에서 즉시 꺼내 함께 먹으며 자연스럽게 대화할 수 있기 때문에 먹는 전도용품이 유용하다.

7) 가격대를 다양하게 고려해서 사용하면 좋다.

가격대가 다른 전도용품을 접촉, 관계, 초청의 단계에 따라 다양하게 사용할 때 좋은 효과를 볼 수 있다. 예를 들어 노방전도용 물품, 관계전도용 물품, 태신자 전도용 물품, 태신자 초청용 물품 등을 다양하게 구비하여 사용하면 재정적으로 유익할 뿐 아니라 전도대상자의 다양한 욕구를 충족시킬 수 있다. 또한 한 사람에게 단계에 따라 사용할 수 있는 장점도 있다.

8) 물품을 전달하는 데 시간이 걸리는 전도용품이 좋다.

예를 들어 염색 서비스를 통한 전도는 염색이 시작되고 끝나기까지 일정한 시간이 필요하기 때문에 대화를 통해 전도할 기회가 주어진다. 염색전도는 특별한 기술이 필요 없이 꼼꼼하기만 하면 되며, 경로당과 협의해서 진행하면 좋은 결과를 얻을 수 있다.

3. 전도용품의 일반적 활용방법

1) "○○교회에서 드립니다."라고 말하며 전도한다.
2) "복 많이 받으세요."라고 말하며 전도한다.
3) 서두르지 않고 반복해서 전도한다.
4) 각 교회마다 하나 정도의 대표품목을 가지고 있는 것이 좋다.

전도용품 자체가 예수 그리스도를 전하는 것은 아니다. 전도용품 자체가 전도도 아니다. 다만, 전도용품을 반복해서 전달하다 보면 복음을 전할 기회가 주어질 뿐 아니라 복음을 들을 마음의 문이 열릴 수 있다. 인내하며 기다리면 구원의 열매를 얻을 수 있을 것이다.

4. 노인세대 전도를 위한 여러 전도용품

1) 의약품류-일반의약품 활용

파스, 밴드, 구충제 등은 노인세대에게 유용한 전도용품이다. 의약품 사용 시 주의할 것은 주변 약국과의 마찰, 의약품 오남용에 대한 고려 등이다. 따라서 가능하면 소포장 단위로 준비할 필요가 있으며, 의약품 활용법을 자세히 기록하고, 중요한 설명은 전도자가 전도대상자에게 직접 하는 것이 좋다. 또한 받은 사람을 기억해 전에 받은 의약품을 잘 사용했는지 확인하면 전도에 큰 도움이 될 수 있다.

2) 음식류 1

센베과자, 강냉이, 건빵, 홍삼사탕 등 옛날에 먹던 음식류는 노인세대에게 지난날을 추억하게 하여 보다 쉽게 접촉할 수 있게 한다.

3) 음식류 2

콩나물, 두부, 햄 등 조리해서 먹을 수 있는 음식류는 유효기간을 반드시 확인해야 한다. 노인들은 냉장고에 오래 넣어 두는 경우가 많기 때문에 넉넉한 유효기간을 가진 음식류를 전도용품으로 사용해야 하며, 가능한 한 소포장을 활용하는 것이 좋다.

4) 계절상품

계절에 따른 전도용품은 보다 효과적이라고 할 수 있다. 핸드크림은 겨울에 사용하면 좋으며, 마스크는 겨울과 환절기에 호응이 좋고, 고무장갑은 김장철에, 부채는 여름에, 구충제는 봄에 사용하는 것이 좋다.

5) 시골의 경우-해충 대비용 물품

모기, 파리 등 해충을 퇴치할 수 있는 모기향, 뿌리는 모기약, 물파스 등은 시골에 살고 있는 사람들이나 여름에 효과적인 전도용품으로 사용할 수 있다.

6) 작은 포장의 쌀 나눔

보릿고개 등 가난한 시절을 경험한 노인세대에게 있어서 쌀은 특별한 의미를 갖는다. 더욱이 차상위계층 및 기초생활수급자인 노인세대에게 쌀은 꼭 필요한 전도용품이라고 할 수 있다.

7) 형광등 교체

전도대상자의 집을 방문할 수 있다면 형광등 교체 등을 통해서 쉽게 접촉해 전도할 수 있다. 노인들은 스스로 형광등을 갈기 쉽지 않기 때문에 방문하여 대화의 기회를 가질 수 있다. 또한 형광등 고장 여부와 상관없이 정기적으로 재방문해서 형광등의 상태를 점검하고 확인할 수도 있다. 이것은 쉽게 전도대상자의 집 안으로 들어갈 수 있게 한다. 또한 지방 소도시의 이장과 동장, 주민센터와 연계해도 좋은 프로그램이다. 2명의 남성 성도, 1~2명의 여성 성도로 팀을 구성해서 남성은 전등 교체, 여성은 청소와 대화를 통해서 가까워질 수 있다. 이때, 너무 성급한 마음은 오히려 전도를 방해할 수 있음을 기억할 필요가 있다.

8) 생필품-소모품류

비누, 치약, 칫솔 등 소모품인 생활필수품도 노인세대 전도에 유용한 전도용품이 될 수 있다.

가격대별 전도용품		계절별 전도용품	
200원 미만	물티슈, 건빵, 칫솔, 장갑 등	봄	마스크(환절기), 구충제
500원 미만	목욕타올, 칫솔, 핫팩, 부채	여름	부채
1,000원 미만	물통 등 생필품	가을	고무장갑(김장철)
1,000원 이상	각티슈 및 각종 음식, 의약품	겨울	핸드크림, 핫팩

5. 노인세대 전도를 위한 전도용품 선택 시 고려사항

1) 너무 무거운 전도용품은 사용하지 않는다. 받고 나서 가지고 가기도 힘들 뿐만 아니라, 기력이 없는 노인의 경우 다칠 수도 있다.

2) 의약품을 활용할 때는 소량을 나눠 주어 의약품을 남용하지 않도록 한다. 예를 들어 파스 같은 경우에 너무 오래 붙이게 되면 피부 트러블 등이 발생할 수 있다. 또한 일반 의약품이라 하더라도 여러 종류의 약품을 한꺼번에 주어서는 안 된다. 헷갈려서 약을 잘못 먹을 수도 있기 때문이다. 일반적으로 노인에게 자주 필요한 변비약과 소화제 등을 전도용품으로 사용하는 것이 좋다.

3) 일반적으로 노인들은 한 번에 많이 달라고 하는 경우가 있기 때문에 많은 수량의 전도용품을 보이지 않도록 한다. 전도자가 많이 가지고 있음에도 불구하고 적게 주면 오히려 역효과가 생길 수도 있다.

4) 음식류의 경우 조금씩 나눠 포장해서 주어야 한다. 독거노인의 경우 한 번에 다 먹지 못하고 남겨 두었다가 먹을 경우 유효기간이 경과되어 탈이 날 수도 있다.

5) 경로당 전도는 교회를 알리는 데 집중할 필요가 있다. 일반적으로 노인들은 다수가 모여 있을 때 주변 눈치를 살피는 경향이 있어서 개인 전도가 쉽지 않다. 따라서 경로당 전도의 열쇠는 방문한 후 분위기를 잡는 것이다. 이때 노인 전도는 단체 접촉이 아니라 개별 접촉이 훨씬 효과적이다.

6) 손주에게 나눠 줄 수 있는 전도용품도 도움이 된다. 일반적으로 손주에게 무언가를 주고 싶은 노인들은 어려운 생활형편과 무엇을 주어야 할지 모르기 때문에 낱개로 포장된 어린이 비타민, 볼펜 등과 같이 손주에게 선물로 줄 수 있는 것들을 좋아한다.

7) 때때로 노인들은 한 번에 전도용품을 받지 않으려는 경우도 있다. 따라서 내용품이 보이면 관심을 가질 수 있기 때문에 비닐로 포장된 용품이 좋고, 그래도 받기를 거부할 때는 교회에서 무료로 드리는 것이기 때문에 부담 갖지 말라고 하면서 전달한다. 특히 전도자가 전도대상자의 질문에 대처할 답을 미리 준비하는 것이 큰 도움이 된다. 질문에 당황하지 말고 웃으며 대할 필요가 있다.

8) 일반적으로 공원, 거리 등에서 혼자 있는 노인들은 외롭게 살고 있을 가능성이 크기 때문에 먹는 전도용품을 준비하여 함께 먹으면서 대화한다면 좋은 결과를 얻을 수 있다.

6. 맺음

노인세대 전도에 있어서 전도용품의 활용은 접촉점으로서의 역할을 할 수 있다. 그러나 일반적으로 만난 지 한두 차례 만에 복음을 전하면 거부할 수도 있기 때문에 인내심을 갖고 서두르지 않는 것이 좋다. 또한 노인은 시간이 많고 움직이는 공간이 제한적이기 때문에 같은 장소에서 같은 시간에 머무르는 경우가 많다. 따라서 전도대상자인 동일한 노인을 반복적으로 만날 수 있기 때문에 먼저 말문을 열 때가 있음을 기억해야 한다. 노인들은 마음의 문을 열기 어렵지만, 한 번 열면 전적으로 신뢰하기 때문에 여유를 갖고 기다리면 좋은 결과를 얻을 수 있다. 더욱이 전도대상자인 노인의 형편에 맞는 전도용품을 활용하면서 복음을 전할 때 훨씬 더 효과적일 수 있다. 전도에 필요한 메시지는 본서를 참조한다.

부 록

1) 교회 내에 전도용품 판매 내지, 전도용품을 상시 준비하도록 하면 도움이 된다. 전도용품 판매는 현금으로 하지 말고, 쿠폰을 발행하도록 한다. 쿠폰을 교회 내 예배, 교제, 봉사 등으로 발행하면 1석 2조의 효과를 얻을 수 있다.

2) 전도용품을 선택하는 방법은 보험회사 판촉물, 아파트 모델하우스 판촉물 등을 보면 품목 선정에 도움이 된다. 물품 구입은 전도용품 전문업체보다는 특가 할인 등을 하는 마트, 인터넷 쇼핑몰 등에서 구입하는 게 편리하다.

3) 필자가 자주 이용하는 업체는 갓피플몰, 고집쟁이 녀석들, 전도라인 등 전도용품 전문업체와 물류 업체, 중국에서 직접 수입, 생산공장 등이며, 전도용품 공동구매를 위한 협동조합인 선한목자협동조합(cafe.naver.com/0438322451) 등이 있다.

V 노인 전도지 성경구절

1. 노인 전도에 필요한 성경구절

1) 예수님은 죄가 없으시다.

"하나님이 죄를 알지도 못하신 이를 우리를 대신하여 죄로 삼으신 것은 우리로 하여금 그 안에서 하나님의 의가 되게 하려 하심이라"(고후 5 : 21).

"그리스도께서도 단번에 죄를 위하여 죽으사 의인으로서 불의한 자를 대신하셨으니 이는 우리를 하나님 앞으로 인도하려 하심이라 육체로는 죽임을 당하시고 영으로는 살리심을 받으셨으니"(벧전 3 : 18).

2) 예수님이 대신 죽으심

"우리가 아직 죄인 되었을 때에 그리스도께서 우리를 위하여 죽으심으로 하나님께서 우리에 대한 자기의 사랑을 확증하셨느니라"(롬 5 : 8).

"내가 받은 것을 먼저 너희에게 전하였노니 이는 성경대로 그리스도께서 우리 죄를 위하여 죽으시고 장사 지낸 바 되셨다가 성경대로 사흘 만에 다시 살아나사"(고전 15 : 3-4).

3) 어떻게 하나님께로 갈 수 있는가?

"내가 진실로 진실로 너희에게 이르노니 내 말을 듣고 또 나 보내신 이를 믿는 자는 영생을 얻었고 심판에 이르지 아니하나니 사망에서 생명으로 옮겼느니라"(요 5 : 24).

4) 언제 믿어야 하는가?

"너는 내일 일을 자랑하지 말라 하루 동안에 무슨 일이 일어날는지 네가 알 수 없음이니라"(잠 27 : 1).

"이러므로 하나님이 그를 지극히 높여 모든 이름 위에 뛰어난 이름을 주사 하늘에 있는 자들과 땅에 있는 자들과 땅 아래에 있는 자들로 모든 무릎을 예수의 이름에 꿇게 하시고 모든 입으로 예수 그리스도를 주라 시인하여 하나님 아버지께 영광을 돌리게 하셨느니라"(빌 2 : 9-11).

5) 믿는다는 말이 무엇인가?

"영접하는 자 곧 그 이름을 믿는 자들에게는 하나님의 자녀가 되는 권세를 주셨으니"(요 1 : 12).

"볼지어다 내가 문 밖에 서서 두드리노니 누구든지 내 음성을 듣고 문을 열면 내가 그에게로 들어가 그와 더불어 먹고 그는 나와 더불어 먹으리라"(계 3 : 20).

"네가 만일 네 입으로 예수를 주로 시인하며 또 하나님께서 그를 죽은 자 가운데서 살리신 것을 네 마음에 믿으면 구원을 받으리라 사람이 마음으로 믿어 의에 이르고 입으로 시인하여 구원에 이르느니라"(롬 10 : 9-10).

"누구든지 주의 이름을 부르는 자는 구원을 받으리라"(롬 10 : 13).

"누구든지 사람 앞에서 나를 시인하면 나도 하늘에 계신 내 아버지 앞에서 그를 시인할 것이요 누구든지 사람 앞에서 나를 부인하면 나도 하늘에 계신 내 아버지 앞에서 그를 부인하리라"(마 10 : 32-33).

"시몬 베드로가 대답하여 이르되 주는 그리스도시요 살아 계신 하나님의 아들이시니이다 예수께서 대답하여 이르시되 바요나 시몬아 네가 복이 있도다 이를 네게 알게 한 이는 혈육이 아니요 하늘에 계신 내 아버지시니라"(마 16 : 16-17).

6) 믿으면 어떻게 되는가?

"또 그들의 죄와 그들의 불법을 내가 다시 기억하지 아니하리라 하셨으니 이것들을 사하셨은즉 다시 죄를 위하여 제사 드릴 것이 없느니라"(히 10 : 17-18).

"동이 서에서 먼 것같이 우리의 죄과를 우리에게서 멀리 옮기셨으며"(시 103 : 12).

"내가 그들에게 영생을 주노니 영원히 멸망하지 아니할 것이요 또 그들을 내 손에서 빼앗을 자가 없느니라 그들을 주신 내 아버지는 만물보다 크시매 아무도 아버지 손에서 빼앗을 수 없느니라"(요 10 : 28-29).

7) 영접하지 아니하면

"너희는 너희 아비 마귀에게서 났으니 너희 아비의 욕심대로 너희도 행하고자 하느니라 그는 처음부터 살인한 자요 진리가 그 속에 없으므로 진리에 서지 못하고 거짓을 말할 때마다 제 것으로 말하나니 이는 그가 거짓말쟁이요 거짓의 아비가 되었음이라"(요 8 : 44).

"그때에 너희는 그 가운데서 행하여 이 세상 풍조를 따르고 공중의 권세 잡은 자를 따랐으니 곧 지금 불순종의 아들들 가운데서 역사하는 영이라"(엡 2 : 2).

"전에는 우리도 다 그 가운데서 우리 육체의 욕심을 따라 지내며 육체와 마음의 원하는 것을 하여 다른 이들과 같이 본질상 진노의 자녀이었더니"(엡 2 : 3).

"그도 하나님의 진노의 포도주를 마시리니 그 진노의 잔에 섞인 것이 없이 부은 포도주라 거룩한 천사들 앞과 어린 양 앞에서 불과 유황으로 고난을 받으리니"(계 14 : 10).

"그러나 두려워하는 자들과 믿지 아니하는 자들과 흉악한 자들과 살인자들과 음행하는 자들과 점술가들과 우상 숭배자들과 거짓말하는 모든 자들은 불과 유황으로 타는 못에 던져지리니 이것이 둘째 사망이라"(계 21 : 8).

"무릇 이방인이 제사하는 것은 귀신에게 하는 것이요 하나님께 제사하는 것이 아니니 나는 너희가 귀신과 교제하는 자가 되기를 원하지 아니하노라"(고전 10 : 20).

8) 영접하면 어떻게 되는가?

"영접하는 자 곧 그 이름을 믿는 자들에게는 하나님의 자녀가 되는 권세를 주셨으니"(요 1 : 12).

"하나님이 세상을 이처럼 사랑하사 독생자를 주셨으니 이는 그를 믿는 자마다 멸망하지 않고 영생을 얻게 하려 하심이라"(요 3 : 16).

"내가 아버지께 구하겠으니 그가 또 다른 보혜사를 너희에게 주사 영원토록 너희와 함께 있게 하리니"(요 14 : 16).

"보혜사 곧 아버지께서 내 이름으로 보내실 성령 그가 너희에게 모든 것을 가르치고 내가 너희에게 말한 모든 것을 생각나게 하리라"(요 14 : 26).

"평안을 너희에게 끼치노니 곧 나의 평안을 너희에게 주노라 내가 너희에게 주는 것은 세상이 주는 것과 같지 아니하니라 너희는 마음에 근심하지도 말고 두려워하지도 말라"(요 14 : 27).

"수고하고 무거운 짐 진 자들아 다 내게로 오라 내가 너희를 쉬게 하리라"(마 11 : 28).

"내가 천국 열쇠를 네게 주리니 네가 땅에서 무엇이든지 매면 하늘에서도 매일 것이요 네가 땅에서 무엇이든지 풀면 하늘에서도 풀리리라 하시고"(마 16 : 19).

"지금까지는 너희가 내 이름으로 아무것도 구하지 아니하였으나 구하라 그리하면 받으리니 너희 기쁨이 충만하리라"(요 16 : 24).

"오직 성령이 너희에게 임하시면 너희가 권능을 받고 예루살렘과 온 유대와 사마리아와 땅 끝까지 이르러 내 증인이 되리라 하시니라"(행 1 : 8).

2. 복음 핵심 성경구절

"너희가 악한 자라도 좋은 것으로 자식에게 줄 줄 알거든 하물며 하늘에 계신 너희 아버지께서 구하는 자에게 좋은 것으로 주시지 않겠느냐"(마 7 : 11).

"성경은 능히 너로 하여금 그리스도 예수 안에 있는 믿음으로 말미암아 구원에 이르는 지혜가 있게 하느니라"(딤후 3 : 15).

"그런즉 누구든지 그리스도 안에 있으면 새로운 피조물이라 이전 것은 지나갔으니 보라 새 것이 되었도다"(고후 5 : 17).

"볼지어다 내가 문 밖에 서서 두드리노니 누구든지 내 음성을 듣고 문을 열면 내가 그에게로 들어가 그와 더불어 먹고 그는 나와 더불어 먹으리라"(계 3 : 20).

"예수께서 이르시되 네 마음을 다하고 목숨을 다하고 뜻을 다하여 주 너의 하나님을 사랑하라 하셨으니 이것이 크고 첫째 되는 계명이요"(마 22 : 37-38).

"사랑은 여기 있으니 우리가 하나님을 사랑한 것이 아니요 하나님이 우리를 사랑하사 우리 죄를 속하기 위하여 화목제물로 그 아들을 보내셨음이라"(요일 4 : 10).

"만일 우리가 서로 사랑하면 하나님이 우리 안에 거하시고 그의 사랑이 우리 안에 온전히 이루어지느니라"(요일 4 : 12).

"모든 사람이 죄를 범하였으매 하나님의 영광에 이르지 못하더니"(롬 3 : 23).

"하나님이 세상을 이처럼 사랑하사 독생자를 주셨으니 이는 그를 믿는 자마다 멸망하지 않고 영생을 얻게 하려 하심이라"(요 3 : 16).

"만일 우리가 우리 죄를 자백하면 그는 미쁘시고 의로우사 우리 죄를 사하시며 우리를 모든 불의에서 깨끗하게 하실 것이요"(요일 1 : 9).

"내가 진실로 진실로 너희에게 이르노니 내 말을 듣고 또 나 보내신 이를 믿는 자는 영생을 얻었고 심판에 이르지 아니하나니 사망에서 생명으로 옮겼느니라"(요 5 : 24).

"영접하는 자 곧 그 이름을 믿는 자들에게는 하나님의 자녀가 되는 권세를 주셨으니"(요 1 : 12).

"너희는 그 은혜에 의하여 믿음으로 말미암아 구원을 받았으니 이것은 너희에게서 난 것이 아니요 하나님의 선물이라 행위에서 난 것이 아니니 이는 누구든지 자랑하지 못하게 함이라"(엡 2 : 8-9).

"네가 만일 네 입으로 예수를 주로 시인하며 또 하나님께서 그를 죽은 자 가운데서 살리신 것을 네 마음에 믿으면 구원을 받으리라"(롬 10 : 9).

"성령으로 아니하고는 누구든지 예수를 주시라 할 수 없느니라"(고전 12 : 3).

"보혜사 곧 아버지께서 내 이름으로 보내실 성령 그가 너희에게 모든 것을 가르치고 내가 너희에게 말한 모든 것을 생각나게 하리라"(요 14 : 26).

"이와 같이 성령도 우리의 연약함을 도우시나니 우리는 마땅히 기도할 바를 알지 못하나 오직 성령이 말할 수 없는 탄식으로 우리를 위하여 친히 간구하시느니라"(롬 8 : 26).

"오직 성령이 너희에게 임하시면 너희가 권능을 받고 예루살렘과 온 유대와 사마리아와 땅 끝까지 이르러 내 증인이 되리라 하시니라"(행 1 : 8).

"하나님은 영이시니 예배하는 자가 영과 진리로 예배할지니라"(요 4 : 24).

3. 전도에 참고할 성경구절들

"보라 내가 너희를 보냄이 양을 이리 가운데로 보냄과 같도다 그러므로 너희는 뱀 같이 지혜롭고 비둘기같이 순결하라"(마 10 : 16).

"그러므로 너희는 가서 모든 민족을 제자로 삼아 아버지와 아들과 성령의 이름으로 세례를 베풀고"(마 28 : 19).

"보혜사 곧 아버지께서 내 이름으로 보내실 성령 그가 너희에게 모든 것을 가르치고 내가 너희에게 말한 모든 것을 생각나게 하리라"(요 14 : 26).

"너희는 주께 받은 바 기름 부음이 너희 안에 거하나니 아무도 너희를 가르칠 필요가 없고 오직 그의 기름 부음이 모든 것을 너희에게 가르치며 또 참되고 거짓이 없으니 너희를 가르치신 그대로 주 안에 거하라"(요일 2 : 27).

"예수께서 이르시되 내가 진실로 너희에게 이르노니 나와 복음을 위하여 집이나 형제나 자매나 어머니나 아버지나 자식이나 전토를 버린 자는 현세에 있어 집과 형제와 자매와 어머니와 자식과 전토를 백 배나 받되 박해를 겸하여 받고 내세에 영생을 받지 못할 자가 없느니라"(막 10 : 29-30).

"하나님 앞과 살아 있는 자와 죽은 자를 심판하실 그리스도 예수 앞에서 그가 나타나실 것과 그의 나라를 두고 엄히 명하노니 너는 말씀을 전파하라 때를 얻든지 못 얻든지 항상 힘쓰라 범사에 오래 참음과 가르침으로 경책하며 경계하며 권하라" (딤후 4 : 1-2).

"누구든지 사람 앞에서 나를 시인하면 나도 하늘에 계신 내 아버지 앞에서 그를 시인할 것이요 누구든지 사람 앞에서 나를 부인하면 나도 하늘에 계신 내 아버지 앞에서 그를 부인하리라"(마 10 : 32-33).

"우리를 구원하시되 우리가 행한 바 의로운 행위로 말미암지 아니하고 오직 그의 긍휼하심을 따라 중생의 씻음과 성령의 새롭게 하심으로 하셨나니"(딛 3 : 5).

"너희는 그 은혜에 의하여 믿음으로 말미암아 구원을 받았으니 이것은 너희에게서 난 것이 아니요 하나님의 선물이라 행위에서 난 것이 아니니 이는 누구든지 자랑하지 못하게 함이라"(엡 2 : 8-9).

"내가 진실로 진실로 너희에게 이르노니 내 말을 듣고 또 나 보내신 이를 믿는 자는 영생을 얻었고 심판에 이르지 아니하나니 사망에서 생명으로 옮겼느니라"(요 5 : 24).

"그가 찔림은 우리의 허물 때문이요 그가 상함은 우리의 죄악 때문이라 그가 징계를 받으므로 우리는 평화를 누리고 그가 채찍에 맞으므로 우리는 나음을 받았도다"(사 53 : 5).

"예수께서 이르시되 내가 곧 길이요 진리요 생명이니 나로 말미암지 않고는 아버지께로 올 자가 없느니라"(요 14 : 6).

"다른 이로써는 구원을 받을 수 없나니 천하 사람 중에 구원을 받을 만한 다른 이름을 우리에게 주신 일이 없음이라 하였더라"(행 4 : 12).

"만일 너희 속에 하나님의 영이 거하시면 너희가 육신에 있지 아니하고 영에 있나니 누구든지 그리스도의 영이 없으면 그리스도의 사람이 아니라"(롬 8 : 9).

"너희는 너희가 하나님의 성전인 것과 하나님의 성령이 너희 안에 계시는 것을 알지 못하느냐"(고전 3 : 16).

"또 이르시되 너희는 온 천하에 다니며 만민에게 복음을 전파하라 믿고 세례를 받는 사람은 구원을 얻을 것이요 믿지 않는 사람은 정죄를 받으리라 믿는 자들에게는 이런 표적이 따르리니 곧 그들이 내 이름으로 귀신을 쫓아내며 새 방언을 말하며 뱀을 집어올리며 무슨 독을 마실지라도 해를 받지 아니하며 병든 사람에게 손을 얹은즉 나으리라 하시더라 주 예수께서 말씀을 마치신 후에 하늘로 올려지사 하나님 우편에 앉으시니라 제자들이 나가 두루 전파할새 주께서 함께 역사하사 그 따르는 표적으로 말씀을 확실히 증언하시니라"(막 16 : 15-20).

"네가 만일 네 입으로 예수를 주로 시인하며 또 하나님께서 그를 죽은 자 가운데서 살리신 것을 네 마음에 믿으면 구원을 받으리라 사람이 마음으로 믿어 의에 이르고 입으로 시인하여 구원에 이르느니라"(롬 10 : 9-10).

"모든 사람이 죄를 범하였으매 하나님의 영광에 이르지 못하더니"(롬 3 : 23).

"기록된 바 의인은 없나니 하나도 없으며"(롬 3 : 10).

"하나님이 죄를 알지도 못하신 이를 우리를 대신하여 죄로 삼으신 것은 우리로 하여금 그 안에서 하나님의 의가 되게 하려 하심이라"(고후 5 : 21).

"그리스도께서도 단번에 죄를 위하여 죽으사 의인으로서 불의한 자를 대신하셨으니 이는 우리를 하나님 앞으로 인도하려 하심이라 육체로는 죽임을 당하시고 영으로는 살리심을 받으셨으니"(벧전 3 : 18).

노인전도교재개발연구위원회

김승학 목사(위원장, 안동교회)

이요한 목사(서기, 괴산중부교회)

강채은 목사(사랑교회)

김기숙 목사(예수사랑교회)

류재룡 목사(유성구노인복지관)

최영호 목사(서울예원교회)

노인
전도교재

초판인쇄	2019년 2월 20일
초판발행	2019년 2월 28일

기획·편집	대한예수교장로회총회 국내선교부
편 집 인	총무 남윤희
주　　소	03128 서울시 종로구 대학로3길 29, 314호
전　　화	(02) 741-4353
홈페이지	www.pck.or.kr/DeptMission

펴 낸 이	채형욱
펴 낸 곳	한국장로교출판사
주　　소	03129 서울시 종로구 대학로 19, 409호(연지동, 한국기독교회관)
전　　화	(02) 741-4381 / 팩스 741-7886
영 업 국	(031) 944-4340 / 팩스 944-2623
등　　록	No. 1-84(1951. 8. 3.)

ISBN 978-89-398-4341-7 / Printed in Korea
값 5,000원

※ 이 출판물은 저작권법에 의해 보호를 받는 저작물이므로 무단전재와 무단복제를 할 수 없습니다.